Rüdiger Geis

... dann wirf den ersten Stein

Originalausgabe – Erstdruck

1. Teil

Der Tote am Fluss

1. Heinrich Schneider

Der Rehbock stand auf der Lichtung und äste. Ein wirklich schönes Tier, dachte Heinrich Schneider. Viel zu schön, um es zu schießen. Er beobachtete den Bock, der vor ein paar Minuten aus dem Dunkel des Fichtenbestandes oben auf den Mühlberg getreten war. Eigentlich war er gar nicht auf seinen Hochsitz gestiegen, um irgendetwas zu schießen, auch wenn er sein Gewehr natürlich dabeihatte. Heinrich Schneider wollte nachdenken, ein Problem lösen. Das Problem hieß Karl.

Er, Heinrich Schneider, hatte alles erreicht. Aber das, was er geschaffen hatte, stand seit über zwanzig Jahren auf tönernen Füßen, war immer in Gefahr, zusammenzubrechen.

Der Bock hob plötzlich seinen Kopf und windete in Richtung Hochsitz. Wenn Heinrich Schneider nachdenken musste, half ihm stets eine Zigarre. Der Bock hatte Schneiders Griff in die Brusttasche mitbekommen. Er blickte misstrauisch zum Hochsitz. Dann setzte er mit einem Sprung über den schmalen Buschrand und verschwand unter den Fichten. Nur ein kurzes Knacken im Unterholz war zu hören. Dann wieder Stille.

Heinrich Schneider zündete ein Streichholz an der Reibefläche der Zündholzschachtel an und hielt es an das Ende der Zigarre, die er mittlerweile in den Mund gesteckt hatte. Wenn er ansaß, hatte er sie auch schon deshalb dabei, um die Windrichtung zu prüfen.

Lauf, Junge, deine Zeit ist noch nicht gekommen, dachte er und schaute in die Richtung, in die der Bock verschwunden war. Schneider blies einen Schwall Rauch aus, der sich in der Dämmerung verlor. Es war ein wunderbarer Abend, so wie er ihn mochte. Es war Anfang Juni, und die milde Luft transportierte die Düfte des in vollem Saft stehenden Waldes. Hinter den Bäumen zeichnete sich der noch nicht volle Mond ab, der die Fichten mit schwachen Konturen auf die Lichtung malte.

Heinrich Schneider liebte diese Abende auf seinem Hochsitz, wenn er die Bewegungen von Füchsen und Dachsen im Unterholz oder die Wildschweine, die den Boden nach Futter durchpflügten, beobachten konnte. Es lenkte ihn ein bisschen von seinem Problem ab: Karl.

Schneider blies wieder eine Wolke Zigarrenrauch aus. Er hatte alles erreicht, was er gewollt hatte. Er hatte nach dem Krieg hier, im mittelhessischen Sinn, einem damals noch kleinen, aber hochindustrialisierten

Dorf an der Dill, eine Firma aus dem Boden gestampft, die mittlerweile ihre Maschinen in alle Welt verkaufte. Er hatte zwei Söhne, aus denen etwas geworden war. Gerhard, der Ältere, war jetzt Geschäftsführer der Schneider Maschinenbau GmbH. Gut, Heinrich Schneider hatte die Unternehmensführung vor zwei Jahren nur schweren Herzens abgegeben. Aber ihm war klar gewesen, dass dieser Schritt ohnehin unausweichlich war. Und bei schwierigen Entscheidungen hatte er immer noch ein gewichtiges Wort mitzureden. Dafür gab es schließlich den Familienrat.

Roland, der Jüngere, war ein erfolgreicher Anwalt. Roland war schon während seiner Schulzeit politisch engagiert, hatte nicht nur – natürlich heimlich – auf seinem Gymnasium in der Nachbarstadt Herborn für die konservativen Werte geworben, sondern auch auf der dortigen Realschule. Heinrich war deshalb stolz auf Roland, denn dessen Aktivitäten hatten wirklich Mut erfordert. Sowohl auf dem Gymnasium als auch auf der Realschule hatten die Linken die Oberhand. Dieser kubanische Revoluzzer, Che Guevara, war ihr Idol, das sie auf T-Shirts zeigten oder als Poster in ihr Zimmer hängten. Sie trugen diese hässlichen Palästinensertücher, komischerweise aber auch NATO-Parkas, obwohl alles Militärische sonst verpönt war. Sie waren gegen die Nachrüstung, gegen Atomkraft, letzten Endes auch gegen Fortschritt, Wohlstand und Marktwirtschaft. Sie waren einfach gegen alles, was sein Wertesystem ausmachte.

Gut, dass sie den Wehrdienst verweigerten, konnte er irgendwie noch verstehen. Heinrich Schneider hatte den Krieg miterlebt. Er war noch kurz vor dessen Ende an die Front geworfen worden. 16-jähriges Kanonenfutter für Führer, Volk und Vaterland, wie es damals so schön hieß, wenn diejenigen anderen den Heldentod schmackhaft machen wollten, die dann selbst den Arsch zusammenkniffen und sich aus dem Staub machten, als die Front immer näher rückte.

Heinrich Schneider hatte Blut und Tod gesehen. Aber damals waren die Nazis an der Macht. Jetzt gab es doch eine Demokratie und vor allem Wohlstand für alle. Auch für diese linken Spinner. Und diese Werte sollte man doch auch verteidigen wollen.

Hätte man ihn allerdings gefragt, was er sich unter diesen demokratischen Werten eigentlich vorstellte, hätte er an erster Stelle sicher nicht Menschenrechte und Meinungsfreiheit genannt. Eher schon die Freiheit, sich wirtschaftlich entfalten zu können, ohne auf so üble Hindernisse zu stoßen wie Steuern oder Umweltschutzauflagen. Heinrich Schneiders Vorstellung von Freiheit hatte eher darwinistische Eckpfeiler: Wer schlau und ehrgeizig war, sollte daraus auch Vorteile ziehen können. Schließlich lag es ja an jedem selbst, schlau und ehrgeizig zu sein. So wie er, Heinrich. Und so wie Roland.

Er war stolz auf Roland, dass der schon während seiner Schulzeit diese Werte hochhielt. Ein Schönheitsfehler war allerdings, dass Roland Susanne geheiratet hatte. Nicht, dass Susanne eine schlechte Ehefrau gewesen wäre. Immerhin hatte sie denselben Ehrgeiz wie Roland, vielleicht sogar noch ein bisschen mehr. Und sie war Carolines Mutter. Caro, seine Enkelin, vergötterte Heinrich geradezu. Aber trotz dieser beiden positiven Gewichte, die zugunsten Susannes in die Waagschale fielen, konnte er sie nicht wirklich leiden. Ihm kam es immer so vor, als habe sich Susanne bewusst in ein schon gemachtes Nest gesetzt. Susanne musste seine Abneigung wohl bemerkt haben. Jedenfalls war ihr gegenseitiges Verhältnis durch manch verbale Boshaftigkeit geprägt.

Doch das war nicht sein eigentliches Problem. Das war viel älter als Susanne und trug den Namen Karl.

Karl Kroner und er waren einmal Freunde gewesen. Bis zu diesem dummen Juniabend 1948. Damals hatte Heinrich nicht gedacht, dass sein „schwacher Moment“ noch fast fünfzig Jahre später Nachwirkungen zeigen würde. Erst recht nicht, nachdem Karl damals für über zwanzig Jahre nach Kanada gegangen war. Aber Karl war zurückgekehrt und damit Heinrichs Problem.

Früher oder später würde es eine Lösung geben, war sich Heinrich Schneider sicher. Er stand auf, warf die Büchse über die Schulter und ging durch die laue Luft dieses wunderbaren Spätfrühlingsabends zu seinem Wagen, den er weiter unten an einem Waldweg geparkt hatte. Heinrich Schneider konnte nicht ahnen, dass sich ein paar hundert Meter weiter unten im Tal, am Flüsschen, gerade in diesem Moment sein Problem immens vergrößerte. Und dass es an die Öffentlichkeit drängte.

2. Karl Kroner

Das Wasser der Dill rauschte über das Wehr. Bis vorgestern hatte es geregnet. Deshalb war der Pegelstand des kleinen Flusses ziemlich hoch.

Natürlich lange nicht so wie im Frühjahr. Aber trotzdem sorgte das Wasser für einige größere Wellen. Es floss langsam heran, und an der Sturzkante der Mauer wurde es für einen Moment zum reißenden Wildwasser.

Der alte Mann stand am Rand des Wehres und schaute auf den Fluss. Hier war es. Hier hatte er sich ein paarmal mit ihr getroffen. Damals sah es hier noch anders aus. Das Hochwasser im Frühjahr schuf immer wieder ein neues Bild. Mal häufte es große Kiesel am Rand des Flussbettes auf, mal nur leichten, grauen Sand. Nur der kleine See unterhalb des Wehres, dessen Wasser dann über die Furt abfloss, war eigentlich immer gleich geblieben.

Nicht nur das Ufer änderte jedes Frühjahr seine Form. Auch sonst hatte sich einiges geändert. Die drei Bäche, die im Ort in den Fluss mündeten, flossen seit Jahren durch ein zementiertes oder gemauertes Bett, anders als zu seiner Jugendzeit, als sich das Wasser im Frühjahr über die Wiesen ergoss. Jetzt schoss es in einem begradigten Kanal in den Fluss. Und eine Fischtreppe gab es damals auch nicht. Die war erst vor ein paar Jahren gebaut worden. Damit die Lachse von der Nordsee bis zur Quelle des Flusses schwimmen konnten. Damals hatte man für so etwas weder Sinn noch Geld.

Damals, das war 1948. Hier hatten sie am Ufer gesessen und sich unterhalten. Und sie hatte erzählt, wie sie zwei Jahre zuvor aus dem Sudetenland vertrieben worden war. Sie und ihre Mutter. Mit nichts als ihren Rucksäcken und einem Koffer. Alles hatten sie verloren. Und ihr Vater hatte seine Familie nur durch Zufall wiedergefunden. Aber so einen kleinen Fluss, den hatte es auch in ihrer Heimat gegeben. Der Fluss erinnerte sie an ihre Kindheit.

Jetzt erinnerte er den alten Mann an seine verlorene Zukunft. Damals, das war im Juni 1948, als kurz nach der Währungsreform Aufbruchstimmung herrschte und alle auf bessere Zeiten hofften, weil durch die neue Währung die Regale plötzlich wieder voll waren. Ein paar Tage später war sein Traum vom Glück schon ausgeträumt. Und ausgerechnet sein bester Freund ...

Der alte Mann ging, einen Spaten in der linken und eine gefüllte Plastiktüte in der rechten Hand, am Ufer entlang. Die Tasche trug den Aufdruck einer Supermarktkette, die es schon seit Jahren nicht mehr gab. Sie war von irgendeinem anderen Lebensmittelkonzern geschluckt worden. Als er nach über zwanzig Jahren aus Kanada zurückgekehrt war, hatte er erstaunt festgestellt, dass sich überall diese Supermärkte nach amerikanischem Vorbild breitmachten. Dafür mussten im Ort einige schöne, alte Fachwerkhäuser weichen. Gut, die standen schon ein paar Jahre leer, hatte man ihm erzählt, und sie verfielen, wurden allenfalls noch von Kindern als Abenteuerspielplatz genutzt. Geisterhäuser in verwilderten Gärten.

Dann rückten Anfang der siebziger Jahre die Planierraupen an, rissen die alten Fachwerkhäuser ab und machten Platz für einen in Beton gegossenen Supermarkt. Mit den alten Fachwerkhäusern verschwanden auch die kleinen Kolonialwarenläden, in denen es auch alles gab, wenn auch nicht in der großen Auswahl eines Supermarktes.

Aber mittlerweile gab es auch ihn nicht mehr. Anfang der neunziger Jahre stimmten seine Proportionen nicht mehr. Lebensmittelmärkte waren jetzt Einkaufszentren mit separaten Getränkemärkten. In denen bekam man ungefähr dreißig verschiedene Biersorten und mindestens ebenso viele Wassermarken. Und dafür reichten innerörtliche Grundstücke nicht mehr aus. Jetzt wurde groß auf der grünen Wiese gebaut. Die Bauklötze innerorts beherbergten von nun an kleinere Trödel- oder Gebrauchtwarengeschäfte, Apotheken oder Drogerien. Doch die hielten sich auch meist nicht lange, weil die Pacht zu hoch und der Erlös zu niedrig war. Vielleicht wollte das der Eigentümer des Betonklotzes sogar, denn die Ruine ließ sich notfalls einreißen und das innerörtliche Gelände gut als Baugrundstücke verkaufen.

Den alten Mann interessierte das jedoch nicht mehr. Als er vor 25 Jahren zurückgekommen war, hatte er den letzten Kampf gegen Heinrich Schneider begonnen. Er wusste jetzt, dass er diesen Kampf nicht mehr zu Ende führen konnte. Deshalb war er hierher gekommen, um noch einmal der Erinnerung einen Platz zu gewähren. Er ging noch ein Stück am Ufer entlang bis zu der Stelle, wo das Flüsschen eine Furt bildete. Hier waren früher die Jungen rüber, wenn sie sich im Nachbardorf Fleisbach mit den Mädchen treffen wollten.

Hier hatte er damals mit Hanna gesessen und ihre Hand gehalten. Sie zu küssen hatte er sich nicht getraut. Aber es war ein schönes Gefühl, dass sie lächelte, als er ihre Hand hielt. Der alte Mann stieß den Spaten in den weichen, grauen Flusssand und legte die Plastiktüte ab. Noch einmal schaute er sich um, aber in der Dämmerung war niemand zu sehen, obwohl es ein so schöner Abend war, der zum Spazierengehen geradezu einlud.

Dann wickelte der alte Mann eine kleine Holzkiste aus der Plastiktüte und klappte sie auf. Sie enthielt nichts Wertvolles, jedenfalls nichts, für das es sich gelohnt hätte, mit Hacke und Spaten auf die Suche zu gehen, als wieder einmal das Gerücht aufkam, er habe Gold im Wald vergraben wollen. Diese Idioten, dachte der alte Mann. Sie hatten doch keine Ahnung.

Neben ein paar alten Reichsmarkscheinen, die 1948 bei der Währungsreform ihren Wert verloren hatten, einem vergilbten Wehrmachtsausweis und einem Photo enthielt der Kasten nur noch einen Gegenstand: eine Luger 08 neun Millimeter.

Der alte Mann entnahm der Holzkiste die Pistole und das Photo, klappte den Kasten wieder zu, steckte ihn in die Plastiktüte zurück und begann, im Sand ein Loch zu graben, in dem er die Plastiktüte verstaute. Dann schüttete er das Loch wieder zu und strich mit der Spatenspitze den Sand zurecht, so dass niemand mehr die Grabstelle vom übrigen Boden unterscheiden konnte.

Der alte Mann stand am Ufer des Flüsschens und sah auf die Photographie. Sie zeigte ein Mädchen, vielmehr eine junge Frau mit einer dunklen Wasserwelle, so wie sie Ende der vierziger, Anfang der fünfziger Jahre Mode gewesen war. Die junge Frau trug ein Trachtenkleid, das darauf schließen ließ, dass ihre Heimat im Sudetenland gewesen war. Sie lächelte. Der alte Mann betrachtete das Photo. Er strich sacht und mit zitternden Fingern über ihr Gesicht. Vor ziemlich genau fünfzig Jahren hatten sie sich zum letzten Mal hier getroffen.

Ein Menschenleben war das her. Ein Menschenleben war vergangen, dachte er.

Dann warf er die Photographie in das Flüsschen, dessen Wellen sie bis zu einem Strudel zwischen Felsen weitertrugen. Dort verschwand das Bild.

Werner Schnorr gab später zu Protokoll, er habe den Schuss ganz deutlich gehört: „Ein scharfer Knall war das, gerade als ich den Dammweg entlangkam. Das mache ich jeden Abend. Mit dem Hund. Immer um dieselbe Zeit zwischen zehn und kurz vor halb elf. Weil um 22.30 Uhr die Tagesthemen im Fernsehen laufen. Und die würde ich nie verpassen.

Es muss also um zwanzig nach zehn gewesen sein, weil ich ja schon auf dem Rückweg war. Ich gehe immer den Dammweg. Abends. Weil, weiter unten am Flüsschen führen viele ihren Hund aus. Da ist alles voller Sch ..., also Hundekacke. Wenn's dunkel ist, sieht man nicht, ob man in die Kacke reinritt." Und drüben an den Bäumen, vor denen man die halbhohen Büsche sehen könne, würden sich oft Pärchen treffen. Gerade in solchen Frühlingsnächten, wenn es abends noch sehr warm ist. „Da bin ich einmal ... also, das war'n Ding, ganz aus Versehen. Ich hab ja sofort kehrtgemacht, als ich das Gestöhne gehörte habe", gab Werner Schnorr zu Protokoll. „Aber der Hund ..." Der sei quasi mitten dazwischen. Und da habe er das Tier natürlich rausholen müssen. Ui, hätten die beiden geflucht. „Verdammter Spanner", hätten sie ihm an den Kopf geworfen. Dabei habe er doch nur den Hund zurückholen wollen.

Deshalb gehe er jetzt immer den Dammweg. Und dann war da plötzlich dieser scharfe Knall.

Der Stein kam ins Rollen ...

3. Manuela Dornberg

Alles war ideal. Das Wetter hätte nicht besser sein können. Ein sonniger Himmel mit ein paar Wölkchen, die hin und wieder für ein wenig Schatten sorgten und die knapp dreißig Grad erträglich machten. Dazu eine fröhliche Gruppe von knapp fünfzig Kindern und Jugendlichen, die in Kajaks und Kanadiern auf dem Flüsschen herumpaddelten, auf dem kleinen Ponton herumsprangen und das Wasser aufspritzen ließen oder die Möglichkeit nutzten, am Kletterseil, wie richtige Bergsteiger gesichert, in den großen Eichen am Flussufer herumzuturnen. Derweil saßen die Eltern und Großeltern der fröhlichen Bande an Biertischen im Schatten großer Sonnenschirme und ließen es sich bei Kaffee und Kuchen, Bratwürstchen, Steaks und Bier gutgehen.

Alles war ideal. Manuela Dornberg konnte zufrieden sein. Seit knapp einem halben Jahr war sie als Jugendpflegerin in Herborn tätig. Bei dieser Bezeichnung sträubten sich ihr eigentlich die Nackenhaare. Schließlich arbeitete sie ja mit Kindern und Jugendlichen und pflegte sie nicht. Aber im offiziellen Verwaltungsjargon wurde ihre Funktion nun mal so bezeichnet.

Die Stelle hatte sie im Januar angetreten. Ihr Vorgänger war im vergangenen Sommer ausgeschieden. Im Jugendzentrum, einem Treffpunkt im alten Schulgebäude, hatte es einige „negative Vorkommnisse“ gegeben, wie es die Stadtverwaltung nannte. Eigentlich war das „Juz“ für junge Leute bis maximal zwanzig Jahre gedacht. Aber vor zwei Jahren hatten sich auch Ältere immer öfter dort breitgemacht. Anfangs waren es nur zwei oder drei junge Erwachsene aus Herborn. Aber schon innerhalb weniger Wochen waren etliche auch aus Nachbarorten dazugekommen, die das Juz immer häufiger zu wilden Partys und Saufgelagen missbrauchten. Die eigentlichen Nutzungsberechtigten hatten der „feindlichen Übernahme“ nichts entgegenzusetzen, waren zum Teil deutlich jünger als die „Invasoren“, die bei einem anfänglichen Versuch des Widerstandes klargemacht hatten, dass sie im Zweifelsfall auch bereit seien, ihre „Eroberung“ zu verteidigen. Der damalige Jugendpfleger hatte wenig bis gar nichts getan, um diesem Treiben ein Ende zu setzen.

Dann kam der Abend, an dem wieder einmal fünf oder sechs der Invasoren, schon deutlich angetrunken, im Juz einfielen und nach ein paar weiteren Bieren begannen, die Einrichtung zu demolieren. Als sich zwei ältere Jungs aus dem Juz-Vorstand dann ein Herz fassten und den Randalierern die Tür weisen wollten, wurden sie zusammengeschlagen. Dass das Ganze nicht noch schlimmer endete, war der Tatsache zu verdanken, dass ein Mädchen mit ihrem Handy die Polizei verständigte. Die Besatzungen von vier Streifenwagen kamen noch früh genug, um vier der Randalierer festzunehmen. Dem fünften gelang zwar zunächst die Flucht durchs Toilettenfenster, er konnte aber kurz darauf ebenfalls gestellt werden.

Der Vorfall hatte zwei gravierende Konsequenzen: Das Jugendzentrum wurde bis auf Weiteres geschlossen. Und dem Jugendpfleger wurde gekündigt.

Für einige in der Stadtverordnetenversammlung, die der ganzen Jugendzentrumssache von Anfang an skeptisch bis ablehnend gegenüber gestanden hatten, bot sich nun die willkommene Gelegenheit, die ungeliebte Einrichtung zu schließen und gleichzeitig die Streichung der Jugendpflegerstelle zu fordern. Ihr Wortführer war Kurt Herbst, ein ebenso einfluss- wie umfangreicher Landwirt, der für die Unabhängigen Wähler, kurz UW genannt, in der Stadtverordnetenversammlung saß. Kurt Herbst hatte dunkle, rasierpinselartig angeordnete Haare und einen leicht angegrauten Vollbart. Mit seinen dünnen, ständig zusammengekniffenen Lippen und finster wirkenden Theo-Waigel-Brauen machte er einen beständig von Gallenkoliken geplagten Eindruck. Er blieb meist still in den Diskussionen der Stadtverordneten. Aber wenn sich die gegnerischen Positionen festgefahren hatten, meldete er sich zu Wort, um mit seiner typischen Einleitungsfloskel: „Ich will jetzt hier nicht weiter Öl ins Feuer gießen ...“, genau das zu tun. Wenn Kurt Herbst einen Diskussionsbeitrag lieferte, dann durfte man gewiss sein, dass er damit die eine oder die andere Seite zu ungeahnten verbalen Höhenflügen animierte – Beleidigungen des politischen Gegners nicht ausgeschlossen. „Früher hat's aach kei Juchendzentrum gegewwe“, hatte Kurt Herbst seine Meinung zusammengefasst, nach der auch heute eine solche Einrichtung nicht notwendig sei. Schließlich müsse man ja irgendwo mal beginnen, Kosten zu sparen. Für die Jugendlichen gebe es ja auch genügend Vereine, in denen sie sich betätigen könnten. Und dann könnte man auch die Räume des Juz, das Kurt Herbst und einige andere Kommunalpolitiker als eine Keimzelle alternativer Daseinsformen und revolutionärer Umtriebe, also als eine Inkarnation des Bösen, ansahen, an eben diese Vereine verteilen. Erstaunlicherweise forderten diese Leute aber nicht auch die Streichung der Stelle des städtischen Seniorenbeauftragten, obwohl es auch für ältere Menschen etliche Vereinsangebote gab.

Zur Streichung der Jugendleiterstelle kam es dann aber doch nicht, weil eine deutliche Mehrheit der Stadtverordneten der Meinung war, die offene Jugendarbeit habe sich viele Jahre bewährt, und man dürfe ein erprobtes Konzept nicht einfach durch den Kamin feuern, nur weil es einmal Probleme gegeben habe. Zumal diese Probleme überwiegend von außen gekommen seien. Deshalb wurde die Jugendpflegerstelle zum 1. Januar 1998 wieder neu ausgeschrieben.

Zum Glück für Manuela, die gerade von der Uni gekommen war und großes Interesse an einem Posten in ihrer Heimatstadt hatte, in der sie sehr verwurzelt war. Hier hatte sie jahrelang im Turnverein Leichtathletik getrieben und Volleyball gespielt und nach Beginn ihres Studiums in Gießen auch eine Jugendmannschaft trainiert. Aufgrund dessen hatte sie sich für ein Sportstudium mit den Nebenfächern Pädagogik und Politikwissenschaften entschieden und nach fünfeinhalb Jahren mit dem Magister Artium abgeschlossen. Eigentlich hätte sie nur die Regelstudienzeit von zehn Semestern benötigt, aber eine Knöchelverletzung in Basketball – ein Kurs, den sie eigentlich nur aus Interesse belegt hatte und der gar nicht für ihren Studiengang notwendig gewesen wäre – hatte sie ein Semester zurückgeworfen. Dass man angesichts der gewalttätigen Vorkommnisse im Juz ausgerechnet eine frischgebackene Absolventin mit der Stelle betraute, legte für manch kritische Zeitgenossen den Schluss nahe, dass man von Seiten der politisch Verantwortlichen insgeheim doch eher mit einer endgültigen Schließung des Juz liebäugelte und nur nach außen so tat, als wolle man den Jugendlichen ihre Anlaufstelle bewahren. Ein „Greenhorn" wie Manuela Dornberg musste zwangsläufig an wiederauftauchenden Randalierern scheitern.

Diese allerdings nur hinter vorgehaltener Hand in Oppositionskreisen geäußerte Befürchtung wies Bürgermeister Dr. Olaf Lindner umgehend zurück, ohne auf sie konkret einzugehen, denn schließlich wollte er seine neue Jugendpflegerin nicht mit einer direkten Reaktion auf die hinter vorgehaltener Hand geäußerten Befürchtungen diskreditieren. So stellte er einfach klar, dass er vollstes Vertrauen in Manuela Dornberg hatte. Etwas anderes mache auch gar keinen Sinn, denn immerhin sei auf seine Initiative hin die Jugendpflegerstelle erst geschaffen worden. Und sein eigenes Werk werde er ja wohl kaum selbst zerstören. Das klang glaubhaft, und die Opposition hatte dem auch nichts entgegenzusetzen. Nicht mal hinter vorgehaltener Hand.

Manuela, der dieses politische Geplänkel natürlich nicht verborgen blieb, war damit genügend motiviert, den Zweiflern das Gegenteil zu beweisen. Schon zwei Monate nach ihrem Amtsantritt wurde das Jugendzentrum wieder eröffnet, nachdem sie eine klare Hausordnung erarbeitet hatte und darauf achtete, dass diese auch eingehalten wurde.

Oft war sie auch über ihre eigentliche Arbeitszeit hinaus im Juz, und ihre Anwesenheit nahm wohl den Randalierern die Lust, sich wieder dort einzunisten. Einen ersten Versuch kurz nach der Wiedereröffnung hatte sie gleich im Keim erstickt, als drei Kerle eines Abends sich mit einer Kiste Bier am Eingang breitmachen wollten. Manuela hatte von ihrem Hausrecht Gebrauch gemacht und ihnen einen Platzverweis erteilt. Als die drei nur blöd lachten, fackelte Manuela nicht lange und verständigte per Handy die Polizei. Die drei waren verschwunden, ehe Manuela dem diensthabenden Beamten noch den Anlass ihres Anrufs erklären konnte. „Schicken Sie bitte eine Streife zum ...", hatte genügt. Die drei Kerle zogen unter Flüchen und Drohungen ab.

Dieser eindrucksvolle Auftritt hatte ihr auch bei den Zweiflern hohen Respekt eingebracht. „E mutisch Mädsche", hatte selbst Kurt Herbst gemeint.

Nachdem sie dann mit den Jugendlichen die teilweise arg ramponierte Einrichtung wieder auf Vordermann gebracht hatte, sollte als nächstgrößere Aktion der Spaßfaktor im Vordergrund stehen. Als Beitrag zur „Event-Kultur" und zur Erlebnispädagogik hatte sie eine Kanu-Aktion organisiert.

Alles lief prächtig. Zusammen mit ihrem Kollegen aus Sinn hatte sie die Aktion im Nachbarort organisiert, weil der dortige Kanu-Club über die notwendige Infrastruktur verfügte und die Umgebung des Südwehres ideale Bedingungen bot. Diese Zusammenarbeit war gleichzeitig ein kluger Schachzug, den die lokale Politik mit anerkennendem Kopfnicken quittierte, denn überall war mittlerweile die Rede von kommunaler Zusammenarbeit, um Kosten zu sparen. Das hatte sie als Erste realisiert.

Selbst das Wetter spielte bislang mit, auch wenn ein aufmerksamer Beobachter am Horizont erste Anzeichen für ein paar Gewitterwolken hätte erkennen können. Es war sonnig und heiß. Etwas neidvoll sprachen die Sinner in solchen Fällen vom „Herrwerrsch Wearrer" – Herborner Wetter (mit doppelt gerolltem Westerwälder-„R"), das angeblich immer gut ist, wenn in der Nachbarstadt eine Veranstaltung stattfindet.

Manuela war zufrieden. Doch plötzlich, so wie ein Gewitter, das in die schönste Sommerstimmung platzt, ein Schrei: „Da liegt ne Leiche!"

4. Roland Schneider

Es durchzuckte ihn unangenehm. Roland Schneider stand unter den großen, schattigen Bäumen am Flussufer, aber er schwitzte plötzlich aus allen Poren und fühlte sich wie durchs Wasser gezogen. Obwohl er zu diesem Zeitpunkt noch gar nicht wissen konnte, welche Lawine durch den grausigen Fund am Flussufer loszubrechen drohte und welche kriminelle Energie bei bis dato als unbescholten geltenden Bürgern freigesetzt werden sollte – auch bei ihm, dem man eine Law-and-Order-Mentalität nachsagte. Obwohl er den Abgrund, der sich langsam vor ihm und seiner Familie auftat, noch gar nicht erkennen konnte, schrillten bei ihm die Alarmglocken. Er wusste noch nicht einmal, wer der Tote war, geschweige denn, ob es sich um einen Mord, Totschlag oder eine natürliche Todesursache handelte. Aber er spürte instinktiv: Ein Leichenfund in seinem Wahlkreis, in seiner Heimatstadt, Negativschlagzeilen konnten seine Position schwächen.

Dabei war er doch gerade gekommen, um sich zu zeigen. Damit die Leute sahen, dass sich Roland Schneider für die Aktivitäten der jungen Leute interessiert. Er wurde zwar in seiner Partei als aussichtsreicher Kandidat für den Posten des Innenministers gehandelt, aber Roland Schneider setzte nicht allein auf Recht und Ordnung. Seine Strategie baute auch auf den Begriff „Familie" auf. Damit ließ sich zweifellos gerade in einem ländlichen Wahlkreis punkten. Roland Schneider stand kurz davor, sein Ziel zu erreichen. Im nächsten Jahr standen Wahlen an, und die Stimmung im Lande Hessen ließ es keineswegs als so sicher erscheinen, dass die seit den fünfziger Jahren regierende SPD wieder mit Hilfe der Grünen die Nase vorn haben würde. Und als Innenminister würde er sicher auch so eine Art Kronprinz sein, wenn ...

Und jetzt dieser Tote! Roland Schneider spürte, wie ihm der Schweiß in kleinen Rinnsalen aus den Achseln den Arm hinunterlief. Er schaute sich vorsichtig um. Aber keiner schien seine Nervosität zu bemerken. Alle liefen aufgeregt zum Ufer, wo gerade der 13-jährige Patrick mit seinem Kajak anlegte. Atemlos kam sein Ausruf: „Da, da vorn bei dem Blutweiderich, da liegt ein Toter!"

Die Menge setzte sich in Richtung Blutweiderich in Bewegung. Jeder wollte der Erste sein, der die Leiche sah. Immerhin hatte eine Mutter die Idee, dass das nicht unbedingt ein schöner Anblick sein musste, und mahnte: „Lasst die Kinder nicht dahin! Haltet die Kinder zurück!"

Roland Schneider zögerte. Einerseits hatte er kein Interesse, eine Wasserleiche zu betrachten. Er hatte einmal eine vor vielen Jahren während seines Referendariats im Rahmen einer Ermittlung sehen müssen. Der Mann hatte Selbstmord begangen, sich irgendwo in den Fluss gestürzt. Die Familie hatte eine Suchanzeige aufgegeben. Drei Wochen später tauchte der Vermisste wieder auf. Ungefähr 15 Kilometer flussabwärts. Es war im Frühjahr, und das Hochwasser hatte dafür gesorgt, dass der Leichnam über mehrere Staustufen abwärts geschwemmt worden war. Dann hatte er sich im Ufergebüsch verfangen. Da lag er, bis er zufällig von einem Spaziergänger entdeckt wurde. Roland Schneider war mit dem ermittelnden Staatsanwalt vor Ort gewesen. Beim Anblick des durch die lange Liegezeit im Wasser aufgedunsenen und von verschiedenen Tieren schon angefressenen Leichnams hatte er sich erst einmal übergeben.

Er fürchtete, dass er auch jetzt wieder einem Brechreiz nachgeben würde. Wer wusste, wie lange die Leiche schon im Wasser lag? Tage oder Wochen? Nein, so lange konnte es auch wieder nicht sein. Niemand war seines Wissens in den vergangenen Tagen in der Gegend als vermisst gemeldet worden. Allzu weit würde eine Leiche auf dem kleinen Flüsschen jetzt im Sommer auch nicht forttreiben, auch wenn es in den vergangenen Tagen geregnet hatte. Dazu gab es zu viele Staustellen oder Wehre.

Nein, wer auch immer der Tote sein würde, er kam aus der Nähe, da war sich Roland Schneider sicher. Und das machte ihm erst recht Sorgen.

Andererseits würde man von einem fähigen Innenminister resolutes Verhalten und Durchsetzungsvermögen erwarten. Und so schloss er sich, wenn auch schweren Herzens, dem Tross an, der zum Blutweiderichgebüsch strebte, um zu sehen, wer der Tote war. Er hätte sich gewünscht, dass Susanne jetzt an seiner Seite stehen würde, um ihn zu ermutigen und zu stützen. Susanne konnte knallhart sein.

Jetzt musste er diese Eigenschaft eben alleine an den Tag legen. Er drängte sich durch die Menschenansammlung mit den typischen Worten der Ordnungsmacht, die Autorität versprüht: „Gehen Sie bitte zur Seite, lassen Sie mich durch, seien Sie doch vernünftig, bringen Sie die Kinder weg ...“ Man machte ihm Platz. Jeder erwartete, dass Roland Schneider wusste, was in einer solchen Situation zu tun sei.

Am Ufer angekommen, sah er den Toten. Er lag auf dem Bauch, bis zur Hüfte im Wasser, an der Wehrmauer. Vielleicht war er hier angeschwemmt worden. Andererseits hatte es in den vergangenen Tagen keine so starken Regenfälle und Hochwasser gegeben, durch die der Oberkörper auf die Mauer hätte gespült werden können. Lediglich an der Staumauer rauschte es. Aber von dort bis zur Fundstelle waren es gut fünfzig Meter.

Für einen Moment krampfte sich Roland Schneiders Magen zusammen. Eine kurz zuvor verspeiste und mit einer Flasche Pils bespülte Bratwurst setzte an, sich ihren Weg nach oben zu bahnen. Er riss sich zusammen und rief, sich umschauend, nochmals in die Menge der großen und kleinen Gaffer: „Gehen Sie bitte zurück! Machen Sie bitte Platz!"

Dann sah er den schlaksigen, jungen Burschen mit kurzen, roten Haaren, der mit seinem Handy telephonierte, möglicherweise die sensationelle Nachricht gleich weitergab, an wen auch immer. „He, du, du da mit dem Handy!"

Der Rothaarige zuckte zusammen, klappte vor Schreck den Mund auf. Er fühlte sich ertappt.

„Ja, du mit dem Handy. Man muss die Polizei rufen. 110! Ruf die Polizei an und sag, dass hier am Ufer eine Leiche liegt!" forderte ihn Roland Schneider auf. Er hätte das natürlich auch mit seinem eigenen Mobiltelephon erledigen können. Aber das Delegieren von Aufgaben in einer solchen Ausnahmesituation machte sicherlich einen viel besseren Eindruck. Das strahlte Autorität und Sicherheit aus. Vielleicht war diese Leiche gar kein Unglück für ihn, wie er im ersten Moment gedacht hatte. Vielleicht nutzte sie ihm sogar, festigte sein Image als Mann des Gesetzes und der Sicherheit. Und gleich der Hinweis an die anderen Schaulustigen: „Bleiben Sie bitte hier, bis die Polizei kommt. Sie müssen möglicherweise als Zeugen aussagen. Bitte gehen Sie jetzt wieder zurück zum Lager."

Dann fiel, während er noch die Leute vom Leichenfund wegzudirigieren versuchte, sein Blick auf die junge, schlanke Frau, deren lange, blonde Haare vom aufkommenden Wind bewegt wurden und die keinen Blick von dem Toten zu wenden schien, während sie sich vor Schreck die linke Hand vor den Mund hielt.

Und während Roland Schneider erneut einen heftigen Schweißausbruch bekam, grollte schon das Donnern des Gewitters, das nun über sie hereinbrechen würde.

5. Hauptkommissar Walter Lohmann

Er mochte diese Einsätze überhaupt nicht. Den ganzen Tag war es zu sonnig und zu heiß gewesen. Zumindest für ihn. Walter Lohmann bevorzugte die gemäßigten Temperaturen. Maximal zwanzig Grad und wolkig. Und keine Luftbewegung. Da lief man nicht Gefahr zu schwitzen und sich gleichzeitig auch noch eine Erkältung oder Muskelverspannung im Rücken zu holen.

Heute war es den ganzen Morgen schon deutlich über zwanzig Grad warm, für Walter Lohmann also heiß. Mittags erreichte die Quecksilbersäule die Dreißig-Grad-Marke. Am frühen Nachmittag schlug das Wetter um. Es wurde schwüler und drückender. Dann zogen Wolken auf, dicke, schwarze Wolken. Aber sie brachten Lohmann keine Erleichterung, denn die Temperaturen lagen immer noch bei fast dreißig Grad.

Er hatte im klimatisierten Büro seiner Dillenburger Dienststelle davon wenig mitbekommen. Aber gerade, als dann das Gewitter losbrach, kam der Anruf. Ein Toter an der Dill bei Sinn. Mindestens ebenso sehr wie Hitze hasste Walter Lohmann Regen. Oder gar strömenden Regen. Noch schlimmer: Wolkenbrüche. Als er den Hof der Polizeistation betrat und in einen Dienstwagen stieg, den sein Kollege Hiller fuhr, war er schon in Schweiß gebadet. Es regnete heftig, dazu donnerte und blitzte es. Fünfzehn Minuten später waren sie am Ort des Geschehens.

Und jetzt stand er hier am Fluss. Der Regen hörte auf. Die Kollegen in Grün hatten das Terrain bereits mit rotweißem Trassierband abgesperrt und sorgten dafür, dass Schaulustige nicht einfach eventuelle Spuren zertrampeln konnten. Die Spurensicherung tat das, was ihr Arbeitsfeld war: Sie sicherte Spuren. Die zahlreichen Leute, die beim Auffinden der Leiche zugegen waren, hatte man etwas abseits der großen Wiese am Rand des Flusses postiert. Hiller befragte einen jungen Mann mit blonden Haaren. Lohmann stand auf der Mitte des Platzes und beobachtete eine junge Frau, die dabei zusah, wie der Sarg im Leichenwagen verstaut wurde: Manuela Dornberg.

„Warum interessiert sich die Frau für diesen Sarg?“ fragte sich Lohmann. Dann ging er zu ihr rüber. „Guten Tag!“ sagte er.

Die junge Frau schreckte auf. Sie drehte sich um. „Guten Tag“, antwortete sie und sah Lohmann erstaunt an.

Er stellte sich vor: „Entschuldigen Sie, ich bin Hauptkommissar Lohmann. Kannten Sie den Toten?“

Manuela nickte, immer noch wie in Gedanken. „Ja. Onkel Karl.“ Und bemerkend, dass die verwandtschaftliche Bezeichnung für einen Polizisten für eine Identifizierung nicht ausreicht, setzte sie dazu: „Karl Kroner.“

Lohmann hakte nach. „Sie sind mit ihm verwandt?"

Manuela schüttelte leicht den Kopf. „Nein."

Jetzt war das Erstaunen an Lohmann. „Aber Sie nennen ihn Onkel."

Manuela nickte. „Ja. Ich kannte ihn schon als Kind. Er kam manchmal zu uns."

„Warum?"

Manuela schaute ihn etwas verdutzt an. „Warum nicht? Er hatte nicht viele Freunde. Nein, eigentlich gar keine. Die meisten Leute hier hielten ihn für etwas verrückt. Meine Mutter nicht. Deshalb kam er manchmal zu uns. Sagen Sie, was ist eigentlich passiert?"

Lohmann wischte sich mit seinem Stofftaschentuch den Schweiß aus dem Nacken und von der Stirn. „Tja, das kann man noch nicht sagen. Kanufahrer haben die Leiche gefunden."

Manuela nickte. „Ich weiß, ich war dabei. Das heißt, ich hörte plötzlich einen Jungen rufen, dass da ein Toter liegt."

Lohmann sah sie an, ohne etwas zu sagen.

„Ich habe das hier organisiert", sagte Manuela weiter. „Ich meine die Aktion hier mit den Kanus."

„Darf ich fragen, wer Sie sind?" wollte Lohmann wissen.

Erst jetzt merkte Manuela, dass sie sich noch gar nicht vorgestellt hatte. „Entschuldigung. Ich bin noch ganz durcheinander. Ich bin die städtische Jugendpflegerin. Ich heiße Manuela Dornberg."

Lohmann nickte nur.

„Ich kann das noch gar nicht glauben", sagte Manuela, während sie dem Leichenwagen hinterherblickte, der jetzt gerade abfuhr. „Was ist denn nur passiert?"

Lohmann räusperte sich. „Wir wissen noch nichts Genaues. Wahrscheinlich liegt er hier seit gestern Abend. Er hat eine Kugel im Kopf. Sieht nach Mord aus, kann aber auch Selbsttötung sein."

Manuela erschrak. „Selbstmord? Warum sollte Onkel Karl Selbstmord begehen? Ich hab ihn noch vorgestern getroffen, beim Arzt. Der würde doch keinen Selbstmord begehen!"

Lohmann knüllte das Taschentuch in seiner rechten Faust zusammen. Er sah über Manuelas Schulter zum Fluss. „Hatte er Feinde?" fragte er.

„Feinde? Er war ein Eigenbrötler. Ich habe Ihnen doch gesagt, dass ..."

Lohmann unterbrach sie etwas unwirsch. „... dass er keine Freunde hatte. Dass heißt nicht, dass er keine Feinde hatte. Wenn es keine

Selbsttötung war, dann war es wahrscheinlich Mord. Und dann sieht es wie eine Hinrichtung aus. Also: Hatte er Feinde?"

Manuela überlegte. „Er hat sich von den meisten Leuten ferngehalten. Ich kann mir nicht vorstellen, dass man sich dann Feinde schaffen kann. Nur ..."

„Nur?"

„Na ja, wenn Karl dem alten Schneider begegnete, haben sie sich meistens angegiftet."

„Der alte Schneider?" Hauptkommissar Lohmann war aufmerksam geworden.

„Heinrich Schneider. Schneider Maschinenbau, die große Firma am Ortsausgang. Er hat sie nach dem Krieg gegründet."

„Und die beiden konnten sich nicht ausstehen?"

„Nein. Aber das war eher so ein ... wie soll ich sagen? Wenn sie sich irgendwo begegneten, sagte Karl: ‚Na, du Bestie?' Und der alte Schneider hat dann irgendwas geantwortet wie: ‚Drecksack' oder ‚A...'"

„Ah ja. Bisschen dürftig für ein Mordmotiv", unterbrach sie Lohmann.

Manuela zuckte mit den Schultern. „Mehr kann ich Ihnen nicht liefern."

„Gut, das reicht fürs Erste. Im Moment habe ich keine weiteren Fragen. Aber da Sie anscheinend die einzige Person sind, die näheren Kontakt zu ihm hatte, werde ich mich sicher noch einmal an Sie wenden müssen. Wie kann ich Sie erreichen?"

Manuela gab ihm ihre Karte. Dann verabschiedete sie sich von Lohmann. Bevor sie ging, schaute sie noch einmal zur Fundstelle der Leiche. Der Kommissar blickte ihr nach. Sie ging zu dem jungen Mann, den sein Kollege Hiller befragt hatte. Hiller war nicht zu sehen. Manuela und der junge Mann gingen Richtung Ort. Gerade überlegte Lohmann, wo sich sein Kollege wohl herumtreiben könnte, da stand er schon neben ihm. In der Hand hielt Hiller seinen Kugelschreiber. Und an dem Kugelschreiber hing eine Luger 08, die noch immer deutliche Spuren von Feuchtigkeit aufwies. Lohmann staunte.

6. Reiner Gehrke

Die Landschaft war in das milde, warme Licht der untergehenden Sonne getaucht. Das Wasser der Dill floss träge in ihrem Bett dahin, staute sich am Wehr und ergoss sich an einzelnen, schadhaften Stellen unterhalb der Staumauer in eine Art kleinen See. An dessen Rand hockte Reiner Gehrke und starrte auf den ruhigen Spiegel des Wassers. Dann nahm er einen flachen Kieselstein und warf ihn flach über die Oberfläche des kleinen Sees. Der Stein hüpfte fünf-, sechsmal, ehe er an Fahrt verlor und durch sein Gewicht nach unten gezogen wurde. Reiner sah ihn versinken und betrachte den Ring, den der Stein auf der fast glatten Wasseroberfläche verursachte und dem rasch weitere Kreise folgten.

Wenn es im Frühjahr viel geregnet hatte, oder nach der Schneeschmelze, wirbelte das Wasser förmlich über den Rand des Wehres hinweg. Dann war von der Staumauer nichts mehr zu sehen. Nur die schmutzig braunen Fluten, die abgerissene Baumstämme und Äste ebenso mitschleppten wie Autoreifen oder Zaunpfosten, ergossen sich in schaumgekrönten Wellen abwärts und ließen unter ihrem wütenden Brausen auch den kleinen See verschwinden.

Als Kinder hatten sie hier am Ufer einmal ein abgeschnittenes Autodach gefunden, erinnerte sich Reiner. Das war allerdings im Sommer, als der Fluss so ruhig und faul wie jetzt in seinem Bett lag. „Damit kann man richtig Boot fahren", hatte sein Freund Andreas behauptet. Reiner war etwas skeptisch gewesen, aber der Versuch zeigte, dass Andreas recht hatte. Sie hatten das Dach aus dem Ufergebüsch gezogen, vom Dreck befreit und mit der geschlossenen Seite aufs Wasser oberhalb des Wehres gelegt. Während Reiner es an einem Holm festhielt, war Andreas draufgeklettert. Reiner war ihm vorsichtig gefolgt. Das Autodach hatte die beiden Jungen tatsächlich problemlos getragen. Mit Holzstangen beförderten sie es in etwas tieferes Wasser. Aber dann hatte Andreas doch die Angst gepackt. Und so steuerten sie das Dach an die Staumauer zurück und trugen es mühevoll die Staustufe abwärts, um es im kleinen See wieder zu wässern. Dort hatten sie ausreichend „Wasser unterm Kiel", um auf Kreuzfahrt zu gehen, aber auch genügend Sicherheit, denn selbst wenn sie mitsamt dem Dach gesunken wären, hätten sie maximal bis zu den Hüften im Wasser gestanden. Den ganzen Tag waren sie so auf dem kleinen See umhergefahren, hatten sich vorgestellt, als Seeräuber spanische Goldtransporte zu überfallen, als Robinson Crusoe an irgendeiner karibischen Küste zu stranden oder auch als Trapper und Fallensteller eine schiffbare Verbindung vom Susquehannah zum St.-Lorenz-Strom oder gar die legendäre Nordwestpassage zu entdecken.

Nass und verdreckt waren sie abends nach Hause gekommen, waren ausgeschimpft und gebadet und in die Verbannung des Bettes geschickt worden, um am nächsten Nachmittag wieder auf große Fahrt zu gehen. Nur diesmal hatte irgendjemand das Wehr geöffnet, und das Wasser ergoss sich, verstärkt durch einen nächtlichen Gewitterregen, in den kleinen See, der nun nicht mehr durch die Furt begrenzt wurde. Das Autodach, ihr Schiff, das sie am Abend zuvor auf den dunklen Flusssand des Ufers gezogen hatten, war spurlos verschwunden. Abgetrieben durch die grimmigen Fluten, die zwischen den Ufern ein wildes Inferno entfacht hatten.

Ein zweiter Kiesel versank im Wasser. Das war nun über zwanzig Jahre her. Zwei Jahre nach dem Untergang ihrer „Esmeralda" waren Reiners Eltern nach Gießen gezogen. Er hatte am Landgraf-Ludwig-Gymnasium sein Abitur gemacht und an der Justus-Liebig-Universität ein Studium begonnen. Hier war ihm Manuela über den Weg gelaufen. Obwohl sie sich schon aus ihrer Kinderzeit flüchtig kannten, hatte er Manuela Dornberg erst jetzt so richtig wahrgenommen. Sie war gerade im ersten Semester, als sie ihm, der sich auf seine Zwischenprüfung vorbereitete, in der Mensa begegnete. Seitdem waren sie zusammen.

Er beendete gut ein Jahr vor ihr sein Studium und blieb als Germanistik-Dozent an der Uni. Als Manuela die Stelle in Biebersheim bekam, zog er mit ihr dorthin. Das waren zwar jeden Tag knapp vierzig Kilometer mit dem Auto, aber das störte ihn nicht. Im Gegenteil: Irgendwie war es für ihn spannend, an die Stätten seiner Kindheit zurückzukehren, ohne beruflich in diesem Ort verwurzelt zu sein.

Ein dritter Kiesel sprang über die Wasseroberfläche und versank. Reiner schaute hinüber zu einem umgestürzten Baum, dessen Krone das Wasser an der Furt streichelte und an den sich Manuela gelehnt hatte. Sie schaute auf den Fluss.

Die aufgeregte Szenerie des Nachmittags, als die Leiche von Karl Kroner am Ufer gefunden worden war, hatte sich in Luft aufgelöst. Die Kajaks und Kanus, Sonnenschirme und Biertischgarnituren, Grills und Getränkekisten waren mit Hilfe des kommunalen Bauhofs abtransportiert worden, nachdem die Polizei das Gelände wieder freigegeben hatte. Als die Sonne langsam hinter den Höhen des Westerwaldes versank, waren Reiner und Manuela noch einmal hinunter zum Wehr gegangen. Manuela hatte den Schock noch nicht überwunden.

Reiner pfefferte einen weiteren Kieselstein ins Wasser und schlenderte rüber zu ihr. Neben ihr lehnte er sich an den Stamm. Sie schien ihn nicht zu bemerken. Reiner konnte sich denken, was in ihr vorging. Sie versuchte gerade, sich zu erklären, wer Karl Kroner erschossen haben könnte, vielmehr noch: Warum? Denn ein Selbstmord konnte es doch wohl kaum gewesen sein, auch wenn Karl ein schwer zugänglicher Mensch gewesen war. Der Gedanke, dass irgendwer diesen harmlosen alten Mann erschossen – oder wie hatte es der Kommissar gesagt? Hingerichtet – hatte, machte ihn wütend. Reiner sah wieder zu Manuela, deren Blick nach wie vor starr auf den Fluss gerichtet war.

„Wer kann das getan haben?“ fragte Reiner

Als von ihr keine Antwort kam, hakte er nach: „Manuela?“

Sie drehte langsam ihr Gesicht zu ihm. Mit einem hilflosen Schulterzucken sagte sie: „Ich weiß es nicht. Ich weiß es nicht!“ Sie setzte sich ans Ufer, zog die Knie an und legte die Arme darum. Traurig und resigniert senkte sie den Kopf.

Reiner ließ sich neben ihr nieder und sah sie nachdenklich an. „Den armen Kerl einfach abzuknallen. Wer tut so was?“

Manuela schaute wieder auf. Ihre Antwort kam jetzt heftig: „Ich weiß es nicht! Der Kommissar sagte, es sei wie eine Hinrichtung gewesen.“

Reiner griff sich ein Stöckchen und knickte daran herum. Wer tut so was? dachte er noch einmal bei sich. Wieder fühlte er diese ohnmächtige Wut auf einen Unbekannten, der einen harmlosen alten Mann ermordet hatte. „Jedenfalls muss das Schwein gefasst werden. Der arme Karl, der hat doch wirklich niemandem etwas getan. Im Gegenteil: Meist hat der den Leuten noch geholfen, die dann hinter seinem Rücken über ihn hergezogen sind. Diese kleinen, bornierten Spießer.“

Manuela drehte ihm mit einem Ruck ihr Gesicht zu und sah ihn an: „Und einer von diesen kleinen, bornierten Spießern soll Onkel Karl umgebracht haben?“

Reiner schnaufte. „Nee, die können zwar keinen leiden, der von ihrer Kleinbürgernorm abweicht – meist können die sich ja selbst nicht leiden –, aber deswegen jemanden kaltblütig umbringen? Nee, nee.”

„Eben. Dahinter muss mehr stecken. So etwas macht nur jemand, der einen unglaublichen Hass auf einen anderen hat, sich bereichern will oder etwas zu verbergen hat. Hass auf Karl scheidet wohl aus. Und Bereicherung?“

„Pfff. Karl hatte nichts. Was soll bei dem zu holen gewesen sein? Höchstens das Brennholz für den nächsten Winter.“

„Genau. Also hat irgendjemand etwas zu verbergen. Etwas, was Karl weiß und was einem anderen so viel schaden würde, dass er dafür sogar mordet, um die Sache nicht ans Tageslicht kommen zu lassen.“

„Aber wer?“

Manuela schaute wieder auf den Fluss, ehe sie mit Nachdruck den Namen aussprach, der ihr schon den ganzen Nachmittag, seit dem Gespräch mit dem Kommissar, durch den Kopf ging. „Heinrich Schneider.“

Reiner zuckte zusammen. „Heinrich ...?“

Manuela nickte. „Heinrich Schneider. Die beiden kannten sich schon als Kinder, und sie haben sich gehasst, jedenfalls solange ich zurückdenken kann.“

„Heinrich Schneider? Das kann ich mir nicht vorstellen.“

Manuela hakte nach. „Warum nicht? Sie haben sich gehasst, das weiß ich. Und Heinrich Schneider weiß auf jeden Fall mit Waffen umzugehen. Er hat hier die Jagd gepachtet. Also hat er auch Waffen. Warum sollte es nicht irgendeinen Grund geben, dass er Karl genügend hasste, um ihn umzubringen? Vielleicht wusste Karl etwas, was Schneider schweren Schaden zufügen würde.“

Reiner brauchte einen Moment, um das zu verdauen. „Aber Karl war gut 25 Jahre in Kanada. Wo soll da das Motiv herkommen?“

Manuela ließ sich nicht beirren. „Dann muss es vorher gewesen sein. Bevor Karl weg ist.“

Reiner überlegte. „Also vor 1950? Das meiste, was davor passiert sein kann, ist mittlerweile verjährt.“

Manuelas Erwiderung schockte Reiner.

„Mord verjährt nicht! Oder Kriegsverbrechen!“

2. Teil

Motivsuche

7. Heinrich Schneider

„Weiß mein Schwiegervater, dass Sie kommen? Ich meine: Sind Sie angemeldet?“ Aus Susanne Schneiders Stimme sprach kaum verhohlene Ablehnung gegen diese junge Frau, die da im weißen Sommerkleid vor der Haustür stand. Am Dienstagmorgen und anscheinend ohne Anmeldung, wie ihre Antwort bestätigte.

„Nein“, sagte Manuela Dornberg, die heute ihren freien Tag für die Kanu-Aktion am Samstag genommen hatte und dadurch das Pfingstwochenende verlängern konnte. „Nein, es war nur so ein Gedanke, weil ich Herrn Schneider etwas fragen wollte.“

„Aber Sie hätten doch vorher wenigstens einmal anrufen können. Fragen, ob er überhaupt Zeit für Sie hat.“

„Ja, Sie haben recht. Aber wie ich schon sagte: Es war nur so ein Gedanke heute Morgen.“

Susanne Schneider sah Manuela etwas von oben herab an – was auch daran lag, dass sie auf der anderen Seite des Gartenzaunes etwas höher stand als Manuela – und bat sie: „Warten Sie einen Moment. Ich will mal nachfragen.“ Während Susanne Schneider nach hinten zur Terrasse ging, fragte sie sich, was diese junge Frau wohl von ihrem Schwiegervater wollte.

Heinrich Schneider saß in einem Gartenstuhl und las die Zeitung. Er hatte gerade gefrühstückt und sich noch einmal Kaffee nachgeschenkt. Der Fußballclub hatte wieder ein Spiel verloren. Ein wichtiges Spiel gegen den Abstieg. Er hatte es am Sonntag selbst gesehen. Der Spielbericht, den er jetzt im Lokalsportteil lesen konnte, beschönigte die katastrophale Leistung. Meist überlegen sei die Mannschaft eigentlich gewesen, schrieb die Zeitung. Die Gäste seien nur einmal in den gegnerischen Strafraum gekommen, und das hätten sie eben genutzt. Blödsinn, dachte Heinrich Schneider. Die Gäste waren zwar wirklich nur dieses eine Mal im FC-Strafraum aufgetaucht, und da hatte es eben geknallt, aber von weitgehender Überlegenheit des FC konnte überhaupt keine Rede sein. Der hatte es in den neunzig Minuten nämlich nicht einmal in den gegnerischen Strafraum geschafft. Nicht immer sprach die Realität aus den Spielberichten, die meist telephonisch von der Heimmannschaft an die Sportredaktionen weitergegeben wurden. Heinrich Schneider war dem Fußballclub seit seiner Jugend verbunden. Schließlich war er 1946 an der Neugründung nach dem Krieg beteiligt. Damals hatten die Amerikaner die Sportvereine nur zögerlich wieder zugelassen. Die Fußballer bekamen – im Gegensatz zum älteren Turnverein – schneller die Lizenz. Und da die Amerikaner die Neugründungen mit dem Schwerpunkt „Jugendarbeit" forcierten, gehörte er zu denjenigen, die auch gleich in die Funktionärsriege aufrückten. Als 17-jähriger führte er die Kasse. Außerdem spielte er in der ersten Mannschaft. Von den früheren Assen, zu denen sie als Kinder aufgeschaut hatten, waren nur wenige übriggeblieben. Fünf waren im Krieg gefallen, einige galten als verschollen, manche befanden sich noch in Kriegsgefangenschaft. Da rückten eben die Jüngeren nach. So wie er. Und Karl.

An diesem Punkt brach er den Rückblick lieber ab. Karl war für ihn ein rotes Tuch. Natürlich hatte er gehört, dass Karl am Samstag tot am Ufer des Flusses gefunden worden war. Einige sprachen davon, dass er ermordet worden sei. Heinrich Schneider kannte eigentlich nur einen, der ein Interesse an Karls Tod gehabt haben könnte. Er selber. Deshalb wusste er noch nicht so genau, ob er sich über Karls Tod freuen sollte, weil damit sein Problem erledigt war, oder sich dieses Problem jetzt erst vergrößern würde. Nach der nächsten halben Stunde wusste er, dass es sich vergrößert hatte.

„Heinrich, kennst du eine Manuela Dornberg?" hörte er plötzlich Susannes Stimme neben sich. In Gedanken versunken hatte er gar nicht bemerkt, dass sie zur Terrasse gekommen war. Er sah sie an und überlegte kurz. „Manuela Dornberg? Ist das nicht die Herborner Jugendpflegerin? In der Zeitung wurde sie erwähnt. Im Zusammenhang mit der Leiche am Samstag."

„Ja. Ich meine ja auch, ob du sie sonst irgendwoher kennst?"

„Nicht, dass ich wüsste! Warum?"

„Sie möchte dich sprechen."

„Ist sie jung, hübsch?"

„Ja. Aber was ..."

„Dann sag ihr, dass sie mich sprechen kann!"

Susanne verzog wütend das Gesicht. Was bildete sich dieser alte Knochen eigentlich ein? Sie war schließlich kein Dienstpersonal. Aber Heinrich wollte keinen Widerstand dulden und setzte mit Ironie nach: „Ich lasse bitten!"

Susanne drehte sich wütend auf dem Absatz um und ging, leicht schmollend, davon. Kurz darauf stand Manuela vor der Terrasse. „Guten Morgen, ich bin ...“, setze sie an, wurde aber sogleich unterbrochen.

„Manuela Dornberg, ich weiß. Guten Morgen. Bitte setzen Sie sich. Kaffee?“

Manuela setzte sich ihm gegenüber. „Nein danke. Ich ...“

Heinrich Schneider unterbrach sie erneut: „Meine Schwiegertochter hat recht.“

Manuela schaute ihn fragend an, obwohl sie sich eigentlich ärgerte, dass er ihr ständig ins Wort fiel.

„Sie sind jung und hübsch. Sie sind Jugendpflegerin bei der Stadt.“

Manuela nickte, immer noch etwas verblüfft, dass Heinrich Schneider das Gespräch in die Hand nahm, obwohl doch eigentlich sie etwas von ihm wissen wollte.

„Macht Ihnen die Arbeit Spaß?“

Schön, machen wir erst mal gute Miene zum bösen Spiel, dachte Manuela. „Ja, sehr. Man hat viel mit Kindern und Jugendlichen zu tun. Da muss man immer am Ball bleiben und etwas Neues bieten.“

„Tja, ja. Aber deshalb sind Sie sicherlich nicht zu einem alten Knacker wie mir gekommen. Oder betreuen und pflegen Sie auch Senioren? Das würde mich allerdings freuen. Aber dann müsste ich wohl auch nach Herborn umziehen.“

„Nein, nein, ich komme ...“ Manuela ärgerte sich, dass er sie mit wenigen rhetorischen Kleinigkeiten aus ihrem Konzept gebracht hatte. Ich bin gekommen, um ihn zu Karl zu befragen, rief sie sich ins Gedächtnis. Es war an der Zeit, die Initiative zu ergreifen.

„Na?“ forderte Schneider sie auf.

„Ich wollte ... wegen Onkel Karl. Ich wollte wegen Karl Kroner mit Ihnen sprechen.“

Zumindest ließ Heinrich Schneider seine Überraschung nicht sehen, die er in diesem Moment empfand. Der Bericht vom gestrigen Fußballspiel und seine Erinnerung an die Zeit nach dem Krieg schienen unangenehme Vorboten gewesen zu sein.

„Ach so. Ja, der Karl. Armer Kerl. Ein schreckliches Ende. Und keiner weiß, wie und warum.“

„Die Polizei geht wohl von Mord aus“, meinte Manuela.

„Mord? Wer sollte Karl denn ermorden?“

„Ja, wer? Sie ...“ Manuela machte eine bedeutsame Pause. Schneider fixierte sie. „„... kannten ihn doch schon so lange.“

„Ja, seit wir Kinder waren. Wir haben alles zusammen gemacht: gespielt, gelernt, Streiche ausgeheckt, Fußball gespielt. Und sogar das letzte Stückchen Brot im Schützengraben geteilt."

Manuelas Sinne waren geschärft, gespannt darauf, irgendetwas Verräterisches aus Schneiders Worten herauszuhören. „Ach, Sie waren im Krieg?" fragte sie.

„Ja ja, wir sind ja noch kurz vor Ende des Krieges eingezogen worden. '45."

„Ach so, ich dachte schon früher."

„Nee, nee, wir waren ja gerade erst 16. Volkssturm. Hitlers letztes Aufgebot. Karl und ich kamen noch bis zum Rhein. Im März, Mitte März war das. Aber die Amis waren bei Remagen schon über den Rhein. Da hieß es für uns dann: ‚Vorwärts Kameraden, wir müssen zurück!'"

„Furchtbar!"

„Ja, furchtbar. Aber uns hat's noch ein bisschen fester zusammengeschweißt, den Karl und mich."

Manuela hakte nach: „Und trotzdem haben Sie sich die letzten Jahre gehasst, der Karl und Sie! Warum?"

Schneider zuckte die Achseln. „Tja, warum? Was dicke Freunde so entzweien kann. Karl und ich waren in dasselbe Mädchen verschossen. Karl zog den Kürzeren. Und das hat er mir wohl nie verziehen."

„Aber ..."

Wieder unterbrach sie Schneider: „Aber warum in den alten Geschichten wühlen? Das ist alles lange vorbei. Um Karl tut's mir trotzdem leid. Auch wenn er mir nicht sehr freundlich gesonnen war." Er stand auf, das Zeichen, das Gespräch zu beenden. „Jetzt muss ich mich aber verabschieden, Frau Dornberg. Ich habe noch zu tun. Bitte entschuldigen Sie mich."

Manuela ging. Einen Reim konnte sie sich auf seine Antworten nicht machen. Klar, es kommt schon mal vor, dass zwei dicke Freunde sich entzweien, weil sie es auf dieselbe Frau abgesehen haben und der eine nicht zum Zuge kommt. Aber warum sollte das fünfzig Jahre später ein Mordmotiv sein? Andererseits: Schneiders Art empfand Manuela als zu glatt. Alles deutete auf Mord hin. Und Schneider tat so, als sei das das Unmöglichste auf der Welt. Sein ganzes Verhalten signalisierte ihr: „Wühl nicht in diesem Schlamm, du machst dich schmutzig."

So wenig Manuela mit Schneiders Aussagen zufrieden war, so sehr hatten sie Susanne Schneider verwirrt. Sie hatte das Gespräch der beiden hinter den Büschen belauscht. Und während sie ihrem Schwiegervater nachblickte, der mit gerunzelter Stirn und in den Hosentaschen vergrabenen Händen ins Haus ging, fragte sie sich, was ihn so nachdenklich, und mehr noch, so besorgt gemacht hatte.

8. Sandra Fischer

Bis zu diesem Moment hatte sie es genossen. Doch als er diesen letzten, für ihn typischen Atmer nach seinem Höhepunkt ausstieß, diesen kurzen, zwischen den halbgeöffneten Lippen herausgepressten, hörbaren Schwall Luft, da fühlte sie sich elend, furchtbar elend. Am liebsten wäre es ihr jetzt gewesen, wenn sie dem ersten Impuls nachgegeben hätte, nein zu sagen, als er ihr vorgeschlagen hatte, nach der Sitzung hier herauszufahren. Sie hätte vorgeben können, dass sie ihre Tage hatte. Aber einerseits war es wahrscheinlich, dass er sehr gut einschätzen konnte, ob das stimmte. So gesehen war es besser, nicht gelogen zu haben. Und andererseits hatte sie ihn ja auch wirklich begehrt, umso mehr, als der Ort ihres Schäferstündchens, der Waldrand oben am Rehberg nahe der Autobahn, die süße Verlockung der Gefahr mit sich brachte, von irgendeinem Spaziergänger oder Jogger gesehen zu werden. Aber es war ziemlich heiß. Es war kurz nach Mittag, und die Sonne brannte vom Himmel. Kein Mensch war jetzt hier unterwegs.

Sie hatte es genossen. Aber jetzt fühlte sie sich elend, während Roland Schneider unter ihr begann, sich auf dem nach hinten geklappten Beifahrersitz seines BMW langsam aufzurichten. Sandra Fischer balancierte vorsichtig von ihm herunter. Nichts durfte auf seine Hose tropfen. Es wäre peinlich für ihn gewesen, gar noch unwissend, mit Flecken auf der tadellos sitzenden Hose einem Klienten gegenübertreten zu müssen. Bei diesem Gedanken hätte sie fast gelacht. Sie spürte, wie ein bisschen Sperma an ihrem Oberschenkel hinunterlief. Nicht viel. Es war nicht viel, was er in sie gespritzt hatte, wahrscheinlich hatte er heute Morgen schon mit Susanne gepennt. Scheißkerl, dachte sie. Morgens aufwachen, den Schwanz in seine Frau stecken, duschen, frühstücken, Geschäfte machen und in der Mittagspause seine Sekretärin ficken.

Roland Schneider streckte seine 1,93 Meter, zog die Hose hoch, knöpfte das Hemd zu und richtete den Schlips, während Sandra Fischer ihren Rock nach unten schob, die Bluse zuknöpfte, ihre langen, blonden Haare ordnete und ihr Make-up prüfte. Währenddessen fragte sie: „Sehen wir uns heute noch?“

Roland, der noch mit der Krawatte beschäftigt war, schien wie aus Gedanken zu erwachen. „Ausgeschlossen. Ich muss gleich Caro von der Schule abholen. Und dann hat mein Vater die Familie zusammengetrommelt.“

Sandras Antwort klang betont unbeteiligt. „Aha.”

„Es muss irgendetwas Wichtiges vorgefallen sein“, meinte er, während er den Gürtel zumachte.

„So?”

„Ja, sonst kommt das höchstens einmal im Jahr vor.“

Sandras Ärger stieg. „Ah so! Und morgen?“

Roland schaute sie wie abwesend an: „Was?“

„Sehen wir uns morgen?“ fragte Sandra eindringlicher.

Seine Antwort kam geschäftsmäßig: „Schwierig. Morgen hab ich noch den Phototermin mit der Familie bei der Werbeagentur. Wegen der Wahl.“

Dann sah er ihr enttäuschtes Gesicht und setzte ein um Verständnis bittendes Lächeln auf. „Das ist wichtig!“

Sie hatte keine Lust mehr. „Klar. Dann ruf mich an. Tschüss!“

Während sie zu ihrem Wagen ging, hörte sie: „Mach ich! Tschüss!“

An ihrem Wagen, der ein paar Meter weiter stand, säuberte sie sich mit einem Papiertaschentuch und warf es weg. Dann setzte sie sich auf den Fahrersitz und legte den rechten Arm auf das Lenkrad. Es war vorbei. Das spürte sie. Auch wenn es noch fast ein Jahr bis zur Landtagswahl war, die Distanz zwischen ihr und Roland wurde immer größer. Das eben im Auto war nur, weil er zuvor den Vertrag mit der Hydrotech GmbH unter Dach und Fach gebracht hatte. Ein lukrativer Auftrag für den angesehenen und erfolgreichen Anwalt Roland Schneider. Was lag da näher, als dieses freudige Ereignis umgehend mit seiner Sekretärin zu feiern? Passte ja gut, dass sie gleichzeitig seine Geliebte war.

Gegen diesen Status hatte sie sich anfangs gewehrt. Sie war seine Sekretärin. Sie fand ihn attraktiv, gerade weil er erfolgreich war und deshalb von anderen erfolgreichen Menschen umgeben war. Seine Verbindungen bis in die hohe Landespolitik vermittelten den Eindruck, dass er einmal zu den Mächtigen im Land gehören könnte.

Dann hatte er sie einmal als Unterstützung für die Aktenarbeit zu einer Klausurtagung der Partei mitgenommen. Das war vor knapp zwei Jahren. Und seitdem war sie seine Geliebte. Die Hoffnung, dass es mehr als das sein würde, hatte sie bald begraben. Aber irgendwie liebte sie ihn und hatte sich deshalb damit arrangiert, die Nummer zwei zu sein.

Bisher. Jetzt nicht mehr. Sie war sich darüber im Klaren, langsam den Absprung finden zu müssen. Sie wollte nicht das Schicksal anderer Frauen teilen, die daran zerbrachen, die sich immer wieder der Illusion hingaben, der Geliebte würde sich irgendwann von seiner (angeblich ungeliebten) Frau und Familie trennen. Aber diesen Absprung wollte sie sich versüßen lassen. Nur war jetzt noch nicht der richtige Zeitpunkt. Sandra Fischer startete den Motor.

9. Caroline „Caro“ Schneider

„Sag mal, du spinnst wohl?“ fuhr Susanne Schneider ihre Tochter wütend an. Damit war die rhetorische Frage beantwortet, die Roland Schneider Caro eine Viertelstunde vorher gestellt hatte, als er sie zusammen mit ihrer Freundin Tina mit einem Joint erwischt hatte: „Was meinst du, was deine Mutter dazu sagen wird?“

Nach dem Schäferstündchen mit Sandra Fischer war er zunächst in seine Kanzlei am Herborner Kornmarkt zurückgekehrt, die er gegen halb vier verließ, um zum Gymnasium zu fahren. Susanne hatte ihn am späten Vormittag angerufen, weil sein Vater den Familienrat für spätnachmittags einberufen hatte. Auf dem Weg nach Hause sollte er seine Tochter abholen.

Es hatte sich wieder zugezogen. Eben noch strahlte die Sonne, als er sich von Sandra verabschiedet hatte, wenig später war der Himmel grau in grau, und jetzt begann es, leicht zu nieseln. Es war zehn vor vier. Caro hatte bis viertel vor vier eine Sport-AG. Er musste also nicht lange warten, als er vor ihrer Schule vorfuhr.

Irgendwie war Sandra heute anders. Er konnte sich ihr Verhalten heute Mittag nicht so recht erklären. Irgendetwas Forderndes hatte in ihrer Stimme gelegen, als sie ihn fragte, ob sie sich noch sehen würden.

Sie wusste doch ganz genau, wie schwierig es ihm wurde, diese wenigen Stunden für sie abzuzweigen. Susanne durfte nichts merken, die Öffentlichkeit durfte nichts merken. Er hatte nach außen immer mit dem Bild des tadellosen Familienvaters geglänzt. Nicht auszudenken, welche Wirkung ein Skandal gerade jetzt hätte.

Fünf vor vier. Von Caro keine Spur. Wahrscheinlich duschte sie noch. Sport war ja schließlich schweißtreibend. Er konnte nicht wissen, dass die AG wegen Krankheit des Lehrers ausgefallen war.

Vier. Die Nachrichten im Radio begannen. Während er zuhörte, sah er sie plötzlich. Zusammen mit ihrer Freundin Tina kam sie von der Straße und verschwand auf dem Weg hinter den Büschen, der zum Schulgarten führte. Sie kam nicht aus, sondern sie ging zur Schule. Roland Schneider wunderte sich. Er stieg aus, folgte den beiden hastig und rannte dabei fast einen Jogger um, der gedankenverloren aber verkehrstechnisch korrekt den Gehweg entlanggetrabt kam, den Schneider querte.

Caros Pech war eine Verkettung unglücklicher Umstände. Sie wusste zum einen nicht, dass Heinrich Schneider kurzfristig den Familienrat einberufen hatte – zu dem sie seit ihrem sechzehnten Geburtstag vor ein paar Wochen gehörte – und zum anderen nicht, dass ihr Vater sie deshalb ungewöhnlicherweise von der Schule abholen würde.

Angesichts des Unterrichtsausfalls hatten sie und Tina beschlossen, bis zum späten Nachmittag in der Stadt zu bleiben. Dabei hatten sie am Bahnhof Benny getroffen. Benny war zwei Klassen über ihnen, aber im vergangenen Jahr von der Schule geflogen, weil er sein Taschengeld mit dem Verkauf von Drogen aufbesserte. Aus reiner Abenteuerlust und dem Reiz des Verbotenen folgend hatten sie zusammengelegt und ihm einen Joint abgekauft. Da sie keine Ahnung hatten, wie man so ein Ding dreht, hatte er das übernommen. Jetzt waren sie auf dem Rückweg zur Schule, wo sie noch in paar Sachen aus ihren Spinden holen wollten. Vorher aber wollten sie dieses Ding, das ihnen Benny verkauft hatte, hinter den Büschen ausprobieren. Das Ding brannte nur zwei Züge.

Roland Schneider, der ihnen gefolgt war und sie beobachtet hatte, ging empört dazwischen, verabreichte Caro eine schallende Ohrfeige und zog sie wütend zu seinem Wagen, während Tina in der Befürchtung großen Ärgers zu Hause, nur zerknirscht stöhnte: „Oh Shit!"

Jetzt stand Caro im Wohnzimmer vor ihrer Mutter, die sie mit wutglühenden Augen anfunkelte. Im Hintergrund blickte Heinrich Schneider kopfschüttelnd aus dem Fenster. Er sagte nur über die Schulter: „Caro, Caro, wie konntest du nur?“

Caro liebte ihren Großvater über alles und antwortete fast entschuldigend: „Ich weiß gar nicht, warum ihr euch so aufregt. Da ist doch nichts dabei.“

Roland Schneider glaubte, nicht richtig zu hören. „Nichts dabei?“

Susanne unterdrückte einen Wutanfall. „Bist du so blöd, oder tust du nur so? Kannst du dir vorstellen, was für ein Image-Schaden das für deinen Vater ist? ‚Tochter des zukünftigen Innenministers verkehrt in der Drogenszene‘?“

Das weckte Caros Widerstandskräfte. „Noch ist er ja nicht mal Landtagsmitglied. Vielleicht fällt er ja durch“, entgegnete sie schnippisch.

Roland Schneider schnappte nach Luft. Susannes Adrenalinpegel stieg gefährlich an. „Werd bloß nicht noch frech! Du hast dir in letzter Zeit ziemlich viele Freiheiten rausgenommen. Das hört jetzt auf! Ich glaub, wir haben uns ein bisschen zu wenig um dich gekümmert.“

„Wie denn auch, wenn man nur Geld und Karriere im Kopf hat?“ ätzte Caro zurück.

Susanne geriet in Weißglut. „Raus, auf dein Zimmer! Du hast Hausarrest! Alle Vergünstigungen sind vorerst gestrichen!“

„Aber ich will heute Abend ins Kino!“

„Gestrichen!“ war Susannes letztes Wort.

„Oh Mann“, war Carolines vorletztes Wort.

Sie rannte zur Zimmertür und öffnete sie, als gerade Gerhard Schneider eintreten wollte. „Hallo Caro!“

Doch Caro hörte im Rausrennen gar nicht mehr hin. „Fuck the family!“ war ihr letzter Kommentar.

Gerhard sah ihr verblüfft nach und dann die anderen fragend an. „Was hat die denn?“

„Ich hab sie heute Mittag mit einem Joint erwischt“, kam zögerlich Rolands Antwort.

„Ja, und?“ Gerhard zuckte die Schultern. „Habt ihr zwei doch auch früher auf Partys probiert.“

Susanne fand das keineswegs lustig. „Das ist jetzt die falsche Zeit, um dumme Witze zu machen.“

Gerhard nickte. „Genau. Also, Papa, warum hast du uns zusammengerufen?"

Heinrich Schneider wartete noch einen Moment. Dann drehte er sich um, kam langsam in die Mitte des Zimmers und sagte, im Geist jedes Wort unterstreichend: „Karls Tod wird für uns zu einem Problem."

Die anderen schauten ihn überrascht an.

10. Heinrichs Geheimnis

Caro konnte die Stimmen nur undeutlich verstehen. Sie war zwar zunächst nach oben auf ihr Zimmer gegangen, hatte sich dann aber spontan entschlossen, wieder nach unten zu schleichen und hielt jetzt ihr Ohr an die Tür des Wohnzimmers. Heinrich sprach gerade mit gesenkter Stimme. Sie hörte das Murmeln, konnte aber die Worte nicht unterscheiden. Plötzlich hörte sie ihren Vater, laut und dröhnend sagen: „Was hast du getan?"

Anschließend vernahm sie wieder nur das halblaute Gemurmel von Opa. Dann wurde Heinrich Schneiders Stimme etwas lauter. „Ich hab noch letzte Woche versucht, ihm das Papier abzuschwatzen. Ich hab ihn angefleht. Ohne Erfolg. Wenn das ans Tageslicht kommt ..." Er schüttelte hilflos den Kopf.

Susanne hatte den Worten ihres Schwiegervaters mit wachsendem Staunen zugehört, das aber keineswegs von dem Entsetzen gekennzeichnet war, das sie nun nach außen brachte. Eher schon verbarg sich dahinter eine klammheimliche Schadenfreude, die Genugtuung, den großen Patriarchen endlich einmal klein und ratlos zu sehen. Immer hatte er ihr das Gefühl gegeben, nicht die erste Wahl für seinen geliebten Roland gewesen zu sein. Dabei hatte sie Roland immer unterstützt, ja getrieben, auf seinem Weg nach oben. Aber Heinrich Schneider hatte ihren Ehrgeiz nie anerkannt, hatte sie immer ein wenig von oben herab behandelt. Jetzt fühlte sie, dass sie Oberwasser bekam. Heinrich Schneider saß ihr ratlos gegenüber. Ein Häufchen Elend. „Das ist ja ein Ding! Mein Schwiegervater, ein ...", wollte sie sich empören, doch Roland unterbrach sie.

„Still! Jetzt können Vorwürfe nicht helfen. Wir müssen in Ruhe überlegen, was wir tun können. Wenn das rauskommt, wird das keinen besonders guten Eindruck auf die Wähler machen."

Auch Gerhard war keineswegs erbaut über das, was ihnen sein Vater gerade gebeichtet hatte. „Ganz zu schweigen vom Imageverlust für die Firma."

„Und wahrscheinlich wird die Frau Ansprüche anmelden. Wahrscheinlich war sie deshalb auch vorgestern hier", brachte Susanne drohende finanzielle Verluste ins Spiel.

Heinrich Schneider schüttelte energisch den Kopf. „Nein, nein. Sie weiß nichts. Sämtliche Unterlagen in Karls Haus sind bereits gesichtet, da hab ich mich schon erkundigt."

„Du hast was?" fragte Roland.

„Keine Sorge, ich bin natürlich nicht so blöd, direkt danach zu fragen. Beim Stammtisch gestern Abend war Olaf auch da. Als Bürgermeister ist er ja auch Ortspolizeibehörde. Wir haben natürlich auch über Karls Tod gesprochen. Olaf meinte, dass sich kein Anhaltspunkt für die Polizei ergeben habe, der ein Motiv für einen Mord sein könnte. Allerdings steht das Ergebnis der Obduktion noch aus. Das heißt aber doch, dass keine verdächtigen Unterlagen gefunden wurden. Das Schreiben, dieses verdammte Schreiben, ist eindeutig nicht dabei gewesen. Es muss also noch im Haus sein. Irgendwo versteckt."

„Man müsste mal heimlich in die alte Bude rein, um sich umzusehen", schlug Gerhard vor.

Roland war leicht entsetzt. „Bist du verrückt? Das wäre Hausfriedensbruch. Wahrscheinlich ist sogar noch ein Polizeisiegel an der Tür, bis die Erbschaftsfrage geklärt ist."

„Und wie lange kann so was dauern?"

„Eine Woche, zwei Wochen, drei Monate. Kommt drauf an, ob Kroner ein Testament gemacht hat und wer dann erbt."

Heinrich Schneider meldete sich zu Wort: „Trotzdem. Gerhard hat recht. Man müsste versuchen, in das Haus zu kommen. Ich kenne ... kannte Karl lange genug. Ich würde sicher was finden, wenn ich erst mal da wäre."

„Kommt nicht in Frage", wehrte Roland ab. „Wenn das jemand mitkriegt, steh ich ziemlich blöd da."

„Wir alle stehen blöd da – ob wir etwas unternehmen oder nicht", gab Susanne zu bedenken.

„Lasst uns noch mal ein paar Tage warten. Ich hab da jemanden an der Hand, der geschickt genug auf diesem Gebiet sein dürfte", schlug Gerhard vor.

Susanne nickte. „Kümmert ihr euch um die Unterlagen. Ich werde mir mal diese Manuela Dornberg vornehmen!"

In dieser Nacht konnte Heinrich Schneider nicht schlafen. Lange Zeit lag er wach, wälzte sich von einer Seite auf die andere. Aber Morpheus verweigerte ihm seine Arme. Schließlich trieb es ihn wieder aus dem Bett. Es war kurz nach halb zwei. Er ging in sein kleines Wohnzimmer und begann, in den Schubladen des alten Schrankes zu wühlen.

Nachdem vor drei Jahren seine Frau gestorben war, hatte er Rolands Angebot angenommen, nicht mehr allein in dem alten Haus zu bleiben, das die Familie jahrzehntelang bewohnt hatte. Die Trennung war ihm zwar schwergefallen, aber er hatte eingesehen, dass es so besser war. Roland und Susanne hatten sich schon vor Jahren oben am Berg ein schmuckes Haus gebaut. Und in dem war unten genügend Platz für eine Einliegerwohnung. Sicher, Susanne war nicht begeistert über Heinrichs Einzug. Aber sie hatte es zumindest nicht laut gesagt. Doch das war jetzt unwichtig.

Ganz unten im Schrank fand er den alten Schuhkarton, in dem sich die Photos befanden. Alte Photos. Sie waren ungefähr fünfzig Jahre alt. Sie zeigten ihn und Karl. Und sie.

Heinrich hatte sich einen Korn eingeschenkt, den er jetzt hinunterstürzte. Es war damals eine verdammte Dummheit von ihm gewesen. Aber sie waren alle in Stimmung gewesen. Und er hatte wirklich geglaubt ... Später hatte er bedauert, was passiert war. Aber später war zu spät.

11. Der Obduktionsbericht

An diesem Abend führte Manuela Dornberg zwei seltsame Telephonate. Nach dem verwirrenden Gespräch mit Heinrich Schneider war sie wieder nach Hause gefahren. Unterwegs hatte sie noch einmal darüber nachgedacht, was er ihr erzählt hatte. Da war ihr etwas aufgefallen. „Wir haben zusammen Fußball gespielt ...", hatte Heinrich Schneider gesagt. Das musste in der Nachkriegszeit gewesen sein. Und plötzlich fielen ihr die Photos ein.

Sie hatte ihre Magisterarbeit in Sportgeschichte geschrieben. Die Zeit nach dem Zweiten Weltkrieg war in den achtziger Jahren ins Blickfeld der Sporthistoriker gerückt. Aber viele hatten sich bis in die neunziger Jahre hinein mit der Situation in den Ballungszentren wie dem Rhein-Main-Gebiet oder mit großen Vereinen beschäftigt. Manuela hatte sich vorgenommen nachzuforschen, wie es damals in der Provinz ausgesehen hatte. Was bot sich da besser an als ihre Heimat? Sie war zu Erkenntnissen gelangt, die selbst in Sporthistorikerkreisen mit Verblüffung und Anerkennung registriert wurden, hatte man doch erst durch Manuelas Arbeit Quellen entdecken können, die manche Lücke in der bisherigen Forschung schließen konnten. Das Angebot für eine Promotion, das aus dieser Tatsache folgte, hatte sie jedoch abgelehnt. „Dr. Manuela Dornberg“ hätte sicher gut geklungen. Aber fast gleichzeitig hatte sie die Stelle als Jugendpflegerin in Aussicht. Und das lag ihr deutlich mehr.

Ursprünglich wollte sie über Herborn schreiben, aber Karl brachte sie durch einige Erzählungen aus seiner Sportlerzeit auf den Nachbarort Sinn, aus dem auch ihre Mutter stammte. Bei ihren Recherchen für den „Aufbau des Sports in einer kleinen Landgemeinde“ hatte sie zunächst zahlreiche Rückschläge hinnehmen müssen. Selbst in Landesarchiven ließ sich kaum etwas über die Region, geschweige denn über Sinn konkret, finden. Auch das Gemeindearchiv gab mehr Rätsel auf als Antworten preis. Sie entdeckte zum Beispiel ein Schreiben des damaligen Bürgermeisters an eine amerikanische Militärdienststelle in Weilburg, in der diverse Sportgeräte als „dringend notwendig“ angefordert wurden, nicht aber irgendeine Notiz, was aus dieser Anfrage geworden war. Es war zum Verzweifeln. Manuela war zeitweise dem Weinen näher als dem Lachen und nahe daran, aufzugeben.

Dann wurde sie plötzlich fündig. Im Archiv des Turnvereins stieß sie auf etliche Akten, die, wenn auch nicht über alles, so doch über vieles Aufschluss gaben und es ihr ermöglichten, zusammen mit den Protokollen von Mitgliederversammlungen und Vorstandssitzungen eine Arbeit abzuliefern, die auf Grund ihrer Fundiertheit mit einer glatten Eins belohnt wurde.

Außerdem hatte sie eine ganze Menge Interviews mit Zeitzeugen geführt, die damals in wichtigen Funktionen tätig waren, nicht nur im Turnverein, sondern auch im konkurrierenden Fußballclub. Auch bei Heinrich Schneider hatte sie angefragt, ob er ihr für Informationen zur Verfügung stehen würde. Aber der hatte abgelehnt und „mangelnde

Zeit“ als Grund genannt. Sie hatte Photos von damals gesichtet und zum Teil in ihrer Magisterarbeit verwertet. Unter den Bildern waren auch viele aus dem Bestand ihrer Familie.

An eines erinnerte sie sich jetzt auf der Rückfahrt: eine junge Frau im Trachtenkleid bei irgendeiner festlichen Veranstaltung – ihre früh verstorbene Großmutter –, ein schmaler, junger Mann mit blonden Haaren und einem kleinen Pfeifchen im Mundwinkel neben ihr, Karl, und ein junger Mann mit dunklen, gescheitelten Haaren auf der anderen Seite, Heinrich.

Zu Hause hatte sie in ihrem kleinen Archiv gesucht und war schließlich fündig geworden. Sie sah das Bild lange an. Eine alte, vergilbte Photographie mit weißem, gezacktem Rahmen, wie es damals üblich war. Drei junge Leute an einem Tisch, auf dem Bierflaschen mit Bügelverschluss und eine angebrochene Weinflasche standen. Offensichtlich schunkelten die drei gerade zu irgendeiner Musik. Karl mit etwas verlegenem Lächeln in Richtung der jungen Frau, Heinrich mit selbstsicherem, leicht ironischem Blick, mit dem einen Arm bei ihr eingehakt, den anderen Arm etwas abgespreizt, eine Zigarre zwischen Zeige- und Mittelfinger. Die junge Frau einfach nur lebensfroh. Manuela sah das Photo lange an. Dann griff sie zum Telephon.

„Nein, Hauptkommissar Lohmann ist noch nicht im Haus. Sie können ihn wahrscheinlich nach 18 Uhr erreichen“, hörte sie die Stimme des Mannes in der Zentrale des Polizeipräsidiums. Sie versuchte es nach 18 Uhr.

Hauptkommissar Lohmann war gerade zur Nachtschicht erschienen, als ihm Hiller als letzte Amtshandlung des Tages den Obduktionsbericht zur „Flussleiche“ auf den Tisch legte. Lohmann packte gemächlich ein Fleischkäsebrötchen aus, nachdem er den Rest seines Proviantpaketes im Kühlschrank verstaut hatte, schlug dann die Akte auf und biss herzhaft zu. Während er langsam kaute, las er mit Verwunderung, was die Obduktion des Toten ergeben hatte.

Dann klingelte das Telephon. Lohmann verzog das Gesicht, kaute etwas schneller, um zumindest den größten Teil des Bissens von der Zunge zu bekommen und meldete sich. „Lohmann. Frau Dornberg! Was kann ich für Sie tun?“

„Ich wollte mich noch einmal melden. Weil Sie doch wegen eines Mordmotivs gefragt hatten."

„Frau Dornberg, ich ...", begann Lohmann.

Manuela unterbrach ihn. „Ich wüsste da vielleicht doch eins. Ich hab mir eben alte Bilder angesehen."

„Frau Dornberg, Sie ...", setzte Lohmann an.

„Und bei einem ist mir etwas aufgefallen: Es zeigt Karl und den alten Schneider kurz nach dem Krieg. So sieht es jedenfalls aus. Zwischen ihnen sieht man ein junges Mädchen."

„Frau Dornberg. Erstens: Ich glaube, Sie sehen da Gespenster. Und zweitens ..."

Wieder unterbrach ihn Manuela. „Wenn Sie das Photo sehen würden! Das spürt man, das sieht man: Die beiden sind hinter diesem Mädchen her, aber auf ganz unterschiedliche Weise. Heinrich Schneider ist eher laut. Karl hält sich ganz zurück, freut sich still, aber seine Augen sagen: „Ich liebe dich". Und heute hat mir Heinrich Schneider erzählt, dass sie sich wegen eines Mädchens damals zerstritten hätten."

Lohmann wurde etwas energischer. Er konnte es nicht leiden, unterbrochen zu werden, wenn er etwas sagen wollte. Das kannte er von zu Hause. Aber hier war er Amtsperson, und Frau Dornbergs Engagement hin oder her – jetzt waren klare Worte gefordert.

„Frau Dornberg, dass daraus nach fünfzig Jahren ein Motiv herzuleiten ist, ist nun wirklich ziemlich unwahrscheinlich. Und wenn, hätte wohl eher Karl Kroner Heinrich Schneider umbringen müssen und nicht umgekehrt. Und außerdem: Karl Kroner ist nicht ermordet worden."

Am anderen Ende der Leitung trat sekundenlange Stille ein. Manuela glaubte, sich verhört zu haben. „Was, was sagen Sie da? Aber ..."

„Karl Kroner ist nicht ermordet worden. Es war Selbsttötung. Ich habe eben den Obduktionsbericht bekommen. Ihr Onkel Karl war schwer krebskrank. Er hatte nicht mehr allzu lange zu leben. Wahrscheinlich hat er sich deshalb erschossen."

Manuela war immer noch ziemlich sprachlos. Das ganze Gebäude einer Mordtheorie mit Heinrich Schneider als Täter schien zusammenzubrechen. „Sich selbst erschossen? Aber Sie sagten doch, es sei wie eine Hinrichtung gewesen!"

„Ja, wenn es ein Mord gewesen wäre. Aber er hat sich selbst erschossen. Mit einer alten Wehrmachtspistole. Wir haben sie direkt am

Ufer im Wasser gefunden. Weiß der Teufel, woher er die noch hatte. Die Sache ist eindeutig, ich habe eben den Obduktionsbericht bekommen. Der Schusskanal lässt keinen anderen Schluss zu: Karl Kroner hat sich selbst erschossen. Er hat sich auf die Staumauer gesetzt, die Pistole mit der rechten Hand an seine Schläfe gehalten und abgedrückt. Dann ist er mit dem Oberkörper nach links umgekippt und auf dem Bauch und dem Gesicht gelandet. Die Spuren sind eindeutig. Seine Beine hingen dann im Wasser, während der Oberkörper auf der Mauer lag. So wurde er gefunden. Gut, er könnte trotzdem von einer anderen Person erschossen worden sein. Wir konnten keine verwertbaren Fingerabdrücke an der Waffe sicherstellen, was durch die Liegezeit im Wasser bedingt ist. Aber er hatte Schmauchspuren an seinen Fingern. Es gibt keinen Zweifel: Es war Selbsttötung."

Wieder schwieg Manuela, die diese Nachricht erst einmal verdauen musste.

„Hallo, sind Sie noch da?" fragte Lohmann.

Seine Worte rissen sie wie aus einem schlechten Traum. „Ja, ja", sagte sie.

„Es tut mir leid. Aber ein Mord ist eindeutig auszuschließen. Auf Wiederhören", sagte Lohmann, hängte auf und biss herzhaft in sein Fleischkäsebrötchen, ehe er sich wieder der Lektüre des Obduktionsberichtes widmete. Für ihn war damit der Fall „Flussleiche" abgeschlossen. Gut so, denn in vier Tagen sollte endlich sein Urlaub beginnen. Zwei Wochen in der Kärntener Bergwelt. Wanderungen zwischen Klagenfurt, Wörthersee und den Karawanken an der slowenischen Grenze. Dorthin wollte er keinen ungeklärten Fall mitnehmen.

Während Manuela versuchte, diese überraschende Nachricht zu verarbeiten, klingelte das Telephon. Es war Susanne Schneider. Ihr Anruf setzte eine Reihe von merkwürdigen Ereignissen in Gang.

12. Gerhard Schneider

„Verdammter Mist", dachte Gerhard Schneider, während er die große Halle betrat. Der Lärm der Maschinen übertönte die menschlichen Stimmen, die nur als unverständlicher Klangteppich zu hören waren. Gerade jetzt musste das passieren. Das Missgeschick, wie es sein Vater beschönigend nannte, konnte fatale Folgen haben, wenn es an die Öffentlichkeit kam. Der Großauftrag einer Firma aus Passau für computergesteuerte Maschinen stand auf der Kippe. Die Schneider Maschinenbau GmbH hatte ein gutes Angebot gemacht, aber es gab noch einen Bieter aus Süddeutschland, der ähnlich gute Konditionen hatte. Den Ausschlag würden nicht kalkulierte Zahlen geben, sondern kleine, angenehme oder unangenehme Beiwerke. Die Geschichte mit seinem Vater war eher ein unangenehmes Beiwerk.

Gerhard Schneider kannte den Passauer Geschäftsführer aus zahlreichen Gesprächen. Dr. Josef Protzner war ein bigotter Mensch, der großen Wert auf einen ungetrübten Lebenswandel legte. Protzner war gottesfürchtig und bibelfest. Zumindest umgab er sich mit dieser Aura. Heinrich Schneiders Vergehen – und wenn es auch fünfzig Jahre zurücklag – würde Dr. Protzner zu einem schmerzlichen Mundzucken veranlassen. Und zur Auftragsvergabe an den Mitbewerber. Das musste verhindert werden. Denn auch wenn die wirtschaftliche Situation der Firma zurzeit nicht schlecht war, hatte keiner etwas zu verschenken. Einen Millionenauftrag schrieb man nicht einfach in den Wind. Die Sache mit seinem Vater durfte nie bekannt werden. Und Gerhard Schneider sah einen Weg, dies zu erreichen. Während er durch die Halle lief und die einzelnen Mitarbeiter grüßte, die an den Maschinen standen, suchte sein Auge Hansi Brinkmann. Dann wurde Gerhard fündig.

Drüben in einer Ecke der Halle stand der gelernte Schlosser Hans-Gerd Brinkmann an einer Maschine, an der Präzisionsteile gedreht wurden. Während das Werkstück durch die Maschine lief, vervollständigte Hansi Brinkmann sein Wissen über weltpolitische Zusammenhänge mit dem Studium der Tageszeitung mit den vier großgedruckten Buchstaben. Da Brinkmann einen riesigen Hörschutz über seine Ohren geklappt hatte, bemerkte er nicht, dass sich sein Chef in seinem Rücken näherte.

Gerhard Schneider blieb kurz stehen und schüttelte den Kopf. Er mochte es eigentlich nicht, wenn seine Mitarbeiter nicht mit voller Konzentration bei der Sache waren. Doch in diesem Falle drückte er ein Auge zu. Hansi war genau der Mann, den er brauchte. Da Hansi wegen Einbruchdiebstahls im Knast gesessen hatte, war er damals sehr dankbar gewesen, als ihm Heinrich Schneider in seiner Firma eine Chance gab. Und er hatte sich seitdem nichts mehr zuschulden kommen lassen.

Trotzdem. Hansi Brinkmann hatte die Fähigkeiten, in ein Haus einzudringen. Er war der richtige Mann, um die ominösen Papiere zu finden. Und wirklich kriminell war es ja nicht, weil Karl Kroner tot war, also eigentlich auch nicht mehr geschädigt werden konnte, dachte Gerhard.

Hansi Brinkmann zuckte zusammen, als er plötzlich von hinten angesprochen wurde, nachdem Gerhard Schneider seinen Kopfschutz gelüftet hatte. Und er zuckte ein zweites Mal zusammen, als Schneider sein Anliegen vorgebracht hatte. Hansi Brinkmann schüttelte verlegen den Kopf. Er wollte dem Juniorchef, wie Gerhard Schneider unter den Mitarbeitern immer noch genannt wurde, gerne zu Diensten sein. Aber nicht mit etwas Illegalem. Aber Gerhard Schneider ließ nicht locker und zückte aus seiner Brieftasche drei Hundertmarkscheine.

„Davon kriegst du noch mal drei pro Tag, wenn du in Kroners Haus nach den Unterlagen suchst. Und weitere zweitausend Mark, wenn du die Papiere findest."

Drei Tage würde er mindestens suchen. Machte neunhundert Mark. Dazu zweitausend, wenn er fündig werden würde. Vielleicht mehr, wenn es sich um wirklich wichtige Papiere handelte. Und wichtig mussten sie sein, sonst würde sich der Junior nicht zu einer illegalen Suche verleiten lassen. Also dreitausend Mark und mehr. Hansi Brinkmann sah seinen Traum von einer echten Harley Davidson näherrücken.

„Okay", sagte er und steckte die drei Scheine ein.

13. Christina Häuser

Es hatte keinen Ärger gegeben. Zwei Tage hatte Tina mit den schlimmsten Konsequenzen gerechnet. Einmal, dachte sie, war es soweit. Am Abend nach dem unangenehmen Zwischenfall, als sie von Caros Vater erwischt worden waren und der gedroht hatte, dass sie zu Hause mächtig Ärger bekommen würde. Sie war noch eine Weile ziellos in der Stadt herumgefahren, hatte kurz im Jugendzentrum vorbeigeschaut und war dann, weil dort auch keine Zerstreuung auf sie wartete, schließlich doch nach einer kleinen Radtour durch das Stippbachtal nach Hause gefahren. Es war eben nicht mehr länger hinauszuzögern. Und so schaute sie dem Donnerwetter mittlerweile auch fast ein wenig gleichgültig ins Auge. Zumindest bis zu dem Zeitpunkt, als sie, während sie ihr Rad im Schuppen abstellte, die laute Stimme ihrer Mutter hörte. „Tina!"

Jetzt würde der Ärger beginnen, den ihr Roland Schneider versprochen hatte. Und damit war aller Anflug von Gleichgültigkeit gegenüber möglichen Konsequenzen verflogen. Jetzt trat sie vor ihre Richterin. Seltsamerweise stellte sie fest, dass ihre Mutter anscheinend überhaupt nichts mit diesem Vorfall vom Nachmittag im Sinn hatte, als sie sie anmotzte. Andererseits war das aber auch wieder kein Wunder, denn Roland Schneider hatte natürlich überhaupt kein Interesse daran, dass die Sache mit dem Joint an die Öffentlichkeit geriet. Und da würde sie landen, wenn er Tinas Mutter informierte. Ungeachtet der Tatsache, dass ihre eigene Tochter Beteiligte des skandalösen Vorfalls gewesen war, würde ihre Mutter, die ihr Herz auf der Zunge trug, es irgendjemandem erzählen. Egal, wem aus dem Kreise ihrer Freundinnen sie es mitteilte, es würde die Runde im Ort machen. Das wusste auch Roland Schneider.

„Christina Häuser!“ hörte Tina die Stimme ihrer Mutter aus dem Garten. In diesem Ton und mit ihrem vollständigen Namen angerufen, war Ärger zu erwarten. Tina trat vorsichtig aus dem Schuppen und linste um die Ecke.

„Du solltest doch heute den Rasen mähen, die Wäsche aufhängen und mit dem Hund rausgehen“, pflaumte ihre Mutter sie an.

Verdammt, ja, das hatte sie tatsächlich versprochen. Aber dann waren sie dummerweise Benny begegnet, der ihnen den Joint verkauft hatte. Nach dem unangenehmen Zwischenfall mit Caros Vater war sie mehr mit dem Gedanken beschäftigt, wie sie das Gewitter, das ihr drohte, abwenden könnte. Der Rasen, die Wäsche, der Hund. Kein Gewitter wegen des Joints. Das ließ sich einrenken.

„Ja, ich habe ... mir ist etwas dazwischengekommen“, setzte sie an.

Der Blick ihrer Mutter mit zusammengezogenen Augenbrauen, zusammengekniffenen Lippen und vorgeschobenem Kinn schien zu fragen. „Was kann dir denn bitteschön dazwischengekommen sein?“

„Ja, also“, beeilte sich Tina zu antworten, „Caro und ich haben noch zusammen für die Mathearbeit übermorgen geübt.“

Eigentlich stand keine solche Arbeit an. Aber im Zweifelsfall, wenn sie nach deren Ausgang gefragt werden würde, konnte sie immer noch sagen, die Arbeit sei aus irgendeinem Grund verschoben worden.

„Eine Mathearbeit? Davon war doch bisher nie die Rede“, zweifelte ihre Mutter.

„Ja, die kam kurzfristig, weil wir doch mit den Arbeiten nachhängen und es jetzt auf die Sommerferien zugeht. Die ist ziemlich schwer. Da haben wir noch mal zusammen geübt. Den ganzen Nachmittag."

Ihre Mutter sah sie an, blickte dann zur Seite und meinte: „Na gut. Den Rasen hab ich gemäht, und die Wäsche auch schon erledigt. Aber den Gang mit dem Hund, den machst du. Und zwar jetzt!"

„Klar", sagte Tina erleichtert, ging ins Haus, holte die Leine und machte sich auf den Weg. Ihren Beagle Sally brauchte sie gar nicht zu rufen, der war schon durch das Geklimper der Leine darauf aufmerksam gemacht worden, dass endlich der heißersehnte Spaziergang stattfinden würde. Der führte Tina zunächst Richtung Waldschwimmbad und dann runter ins Lennelbachtal, von wo aus sie den Aufstieg zum „Wingert", einem Ende der sechziger Jahre aufgelegten Neubaugebiet, in Angriff nahm. Hier war die Bebauung vor ein paar Jahren abgeschlossen worden. Einige der älteren Häuser hatten mittlerweile schon den Besitzer gewechselt oder gehörten zum immobilen Bestand der Geldinstitute, denn nicht alle Bauherren und -damen hatten das auch wirklich finanzieren können, was sie gebaut hatten. Nach der ersten Euphorie über die Wiedervereinigung und den allüberall versprochenen blühenden Landschaften war Deutschland in eine wirtschaftliche Depression geraten. Da hatte sich dann auch so mancher Hauskäufer mit seinen finanziellen Möglichkeiten verspekuliert. Schon vor vielen Jahren hatte der „Wingert" den meist nur hinter vorgehaltener Hand geäußerten Spitznamen „Känguruh-Hügel" erhalten: große Sprünge machen und nichts im Beutel. Oder wie es Kurt Herbst in seiner unnachahmlichen Weise ausgedrückt hätte: „De BMW vor de Haustür un drin off Jaffa-Kiste sitze." Auch Schneiders hatten hier gebaut. Direkt am Waldrand, kurz vor der Grenze zum Herborner Stadtwald und mit einem wunderbaren, unverbaubaren Südblick über das Dilltal.

Tina schlich zweimal am Haus der Schneiders vorbei und spähte nach Caro. Aber von der war keine Spur zu sehen. Da sie es nicht wagte zu klingeln, lief sie mit Ronja den Trampelpfad hinter den Häusern zum nächsten Waldweg und dann unter den mächtigen Eichen und Buchen querfeldein runter ins Lennelbachtal, was dem Hund auch wesentlich mehr zusagte als der bisher eher innerörtliche Spaziergang, denn in den Talwiesen kam er endlich von der Leine und konnte mal so richtig rennen.

Erst am nächsten Morgen hatten die beiden Mädchen kurz Gelegenheit, miteinander zu reden. Gefördert wurde die konspirative Zusammenkunft durch den Ausfall der ersten beiden Schulstunden, was ihr Vater mit den Worten kommentierte: „Das werden wir als Erstes abstellen!“

Tina hatte etwas früher ihren Ranzen gepackt und sich aufs Rad geschwungen. Die Sonne schien schon angenehm, aber die Luft beförderte auch noch den frischen Hauch, den klare Mai-Nächte mit ihren Nebelballen aus den feuchten Flusstälern in den Morgen hineintransportieren.

Vor dem Haus der Schneiders ließ Tina die Pedale etwas langsamer kreisen. An der exakt geschnittenen Thujahecke entlang rollte sie bis zu dem großen schmiedeeisernen Tor, das den Weg zum Hauseingang von der Straße abschnitt. Durch die Eisenverstrebungen blickte sie in den Hof, als sie plötzlich eine Stimme aus den Büschen heraus hörte. „He, pst, Tina, hier!“

Caro trat zwischen zwei Kirschlorbeer-Sträuchern hervor, sich ängstlich umschauend, dass sie von niemandem sonst entdeckt wurde.

„Mensch, Caro, und?“ fragte Tina.

Caro verzog schmerzlich das Gesicht: „Zwei Wochen Hausarrest. Zur Schule darf ich. Und zu diesem blöden Phototermin heute Nachmittag.“

Die Unterhaltung hatte fast etwas Komisches. Durch das große Eisentor voneinander getrennt, an dessen Verstrebungen sich Caro mit beiden Händen festhielt, um möglichst dicht an Tinas Ohr heranzukommen, wirkte sie nicht wie eine Hausarrestantin, sondern wie eine Strafgefangene auf der Teufelsinsel, die mit ihren Wärtern spricht.

„Wie öde. Kannste nicht noch mal versuchen, mit deinen Alten zu reden?“ fragte Tina.

„Vergiss es! Hier herrscht momentan Ausnahmezustand. Ich hab gestern gelauscht. Familienrat. Opa hat früher irgendwas Schlimmes gemacht. Kurz nach dem Krieg war das. Ist zwar eine Ewigkeit her, aber irgendwie haben alle Angst, dass das rauskommt. Der Ruf der Firma. Und mein Vater fürchtet um seine Wahlchancen.“ Kaum hatte sie ihren Vater erwähnt, hörte sie ihn auch schon an der Haustür, wie er sich von ihrer Mutter verabschiedete. „Dann hab ich noch verstanden, dass irgendwer deshalb gestorben ist“, setzte Caro eilig hinzu.

„Hammerharte Geschichte!“ meinte Tina, ohne zu wissen, warum das hammerhart war.

„Und irgendwie hat das was mit Manuela Dornberg zu tun."

„Mit Manu aus dem Jugendzentrum?"

Roland Schneider näherte sich langsam, in einer Aktenmappe blätternd, der Hausecke, von der aus er das schmiedeeiserne Tor sehen konnte.

„Genau. Oh verdammt, mein Vater. Wir sehen uns nachher in der Schule! Ciao!" wisperte Caro und verschwand wieder zwischen dem Kirschlorbeer.

Während Caro flüchtete und Tina davonradelte, kam Roland Schneider um die Ecke, öffnete das Tor, das mit einem kurzen Quietschen aufging. Das wollte Papa doch schon längst geölt haben, dachte er und schloss das Tor mit einem weiteren kurzen Quietschen. Er ging um die Ecke des Grundstücks in die Seitenstraße. Ungeduldig erwartet wurde er von Sandra Fischer, die vor ihrem roten Sportflitzer stand und nervös eine Zigarette in den Rinnstein schnippte. „Na endlich!" sagte sie.

„Ich hab die halbe Nacht über den Verträgen gebrütet. Fahr sie bitte sofort ins Büro! Die müssen heute noch zur Unterschrift zur Hydrotech."

Sandra nahm nickend die Unterlagen und schaute ihn auffordernd an. „Und?" Dabei hielt sie ihm ihren Mund zum Kuss hin.

Roland, etwas unangenehm berührt, schaute sich vorsichtig um. Weder Nachbar Döbeler war mit seinem üblen Rauhaardackel, der Roland immer heiser ankläffte und einen riesen Radau machte, unterwegs noch dieser keuchende Jogger, der jeden Morgen schweißtriefend die Hangstraße heraufgetrabt kam. So gab Roland Sandra einen kurzen Kuss auf die Lippen. Das unumgänglich notwendige Minimum an Zärtlichkeit gegenüber der Geliebten in einem durch Entdeckung gefährdeten Umfeld.

„Das war alles?" fragte Sandra gespielt enttäuscht, denn sie wusste natürlich genau, dass Roland hier kaum mehr bieten konnte. Eigentlich wollte sich auch gar nicht mehr. Nicht mehr.

Roland zuckte verlegen die Schultern und setzte eine zerknirschte Miene auf. „Ich hab keine Zeit. Ich muss zum Gericht. Wir sehen uns nachher im Büro!" Er stieg in seinen Wagen und brauste davon.

Sandra schaute ihm nach. Mit einem zufriedenen Lächeln murmelte sie zu sich selbst: „Du wirst noch Zeit haben. Keine Angst!" In diesem Moment begann Sandra Fischer Pläne zu schmieden. Sie sonnte sich im Hochgefühl, etwas gegen Roland Schneider in der Hand zu haben, womit sie zum einen den Absprung vom „Herrn zukünftigen Innenminister“ schaffen und sich zugleich eine bessere Existenz sichern konnte. Denn Sandra Fischer hatte hinter der Ecke der exakt geschnittenen Lebensbaumhecke das kurze Gespräch zwischen Caro und Tina belauscht. Wenn sie auch nicht über Details schlau geworden war, zwei Dinge hatte sie herausgefunden: Heinrich Schneider hatte etwas zu verbergen, was sowohl Roland als auch Gerhard erheblichen Schaden zufügen könnte. Und es hatte etwas mit dieser städtischen Jugendpflegerin zu tun. Wie hieß sie noch? Genau: Manuela Dornberg. Auch wenn sie ihren Kenntnisstand zu dieser skandalösen Angelegenheit nicht weiter vertiefen konnte – das, was sie wusste, konnte unter Zuhilfenahme eines Bluffs große Vorteile bieten.

14. Der Photograph

Klick, klick, klick. Zwei Scheinwerfer waren eingeschaltet und tauchten die Szenerie in helles Licht. Klick, klick. Vor einem neutralen Hintergrund stand Roland Schneider und formte ein Seht-her-ich-bin-doch-ein-echt-prima-Kumpel-Lächeln in die Kamera. Links vor ihm hatte Susanne Position bezogen. Auch sie lächelte und bemühte sich, die Eckpfeiler Schneiderscher Politik durch ihre Gestik auszudrücken: Sicherheit und familiäre Geborgenheit. Rechts neben ihr saß Caro. Sie hatte Kaugummi kauend ihr Sieben-Tage-Regenwetter-Gesicht aufgesetzt und bildete damit einen krassen Gegensatz zu den Eltern mit ihrer um Anerkennung werbenden Gesichtsakrobatik. Seit zwei Stunden ging das jetzt so. Erst dieses öde, lange Vorgespräch mit dem Kamerafuzzi, dann das langweilige Schminken, Einleuchten und Lichtmessen. Draußen waren wieder fast dreißig Grad, die Sonne schien, und Tina vergnügte sich sicher im Freibad – am Ende noch mit Caros Schwarm Kevin – während sie hier in dieser stickigen Bude von Photostudio saß und in dämlichen Klamotten die liebe Tochter mimen sollte. Sie hatte einfach keine Lust mehr. Das merkte auch der Photograph.

„Hallo junge Dame, etwas fröhlicher, bitte!“

Roland und Susanne erstarb das Lächeln. Sie schauten auf Caro und sahen erst jetzt, dass deren Gesichtsausdruck nicht so recht mit dem ihren korrespondierte. So trafen Caro die strafenden Blicke gleich aus zwei

Augenpaaren, und die gespielte Familienidylle drohte in einen Streit umzuschlagen.

„Also, bitte noch mal. Bitte lächeln. Und du junge Dame: Sag mal ‚Ameisenscheiße'!" forderte der Photograph sie auf.

Caro prustete und fing an zu kichern.

„Also bitte", entrüstete sich Roland Schneider.

„A-mei-sen-schei-ße", dehnte Caro über fünf Silben. Der Photograph drückte viermal auf den Auslöser. Allerdings fabrizierten nun Roland und Susanne Blicke, die nur mit viel Wohlwollen als beherrscht bezeichnet werden konnten.

Der Photograph wirkte etwas genervt: „Also bitte, Sie müssen sich natürlich auch mit etwas Fröhlichkeit beteiligen." Das war das Kommando, Roland und Susanne hatten in Sekundenbruchteilen wieder ihre Gewinnerposen eingenommen. Caro nicht.

„Und noch einmal: A-mei-sen-schei-ße!"

Caro antwortete, gelangweilt trotzig: „Nö, keinen Bock mehr."

Der Photograph, jetzt doch sichtlich resigniert, wetzte drei Sekunden lang die Schneidezähne an seiner Unterlippe und verkündete dann: „Na schön. Ich hab ja zwei Motive, Herr Schneider. Das wird ja ohnehin alles am Computer bearbeitet. Das krieg ich schon passend zusammen."

„Na, wenn Sie meinen", entgegnete Roland Schneider.

„In spätestens einer Woche haben Sie den Entwurf."

Susanne schaltete sich ein. „Vielleicht schaffen Sie es ja auch bis Ende dieser Woche. Und nicht vergessen: Der Slogan lautet: ‚Roland Schneider: Sicherheit für die Familie'!"

Der Photograph ließ ein devotes Nicken sehen, von dem ein neutraler Beobachter vielleicht den Eindruck hätte gewinnen können, er meine: „Alles, aber jetzt raus hier!" Laut sagte er: „Sicher. Bis Ende der Woche. Auf Wiedersehen." Als sich die Studiotür hinter der vorbildlichen Familie schloss, rollte er mit den Augen und atmete tief durch.

15. Die Drohung

„Können wir uns treffen? Ich möchte wegen Karl Kroner mit Ihnen sprechen", war Susanne Schneiders Frage am Telephon gewesen.

Natürlich hatte Manuela sofort eingewilligt. Sie konnte sich zwar nicht vorstellen, was Susanne Schneider und Onkel Karl miteinander zu tun haben könnten, aber allein die Tatsache, dass sich diese überhebliche Frau mit der mysteriösen Angelegenheit beschäftigte, ließ bei Manuela keine Frage aufkommen, ob sie zu einem Gespräch bereit wäre. Sie verabredeten sich für den darauffolgenden Donnerstag um fünf Uhr nachmittags im Marktcafé. Aber es war wie verhext: Obwohl sie normalerweise um vier ihren regulären Dienst beendete, kam heute natürlich ein Termin dazwischen.

Bürgermeister Dr. Lindner meinte, ausgerechnet an diesem Nachmittag die Kanu-Aktion und ihre unangenehmen Begleitumstände im Magistrat analysieren zu müssen. Normalerweise war montags Magistratssitzung, aber die letzte hatte wegen Pfingsten ausfallen müssen. Die verschobene Sitzung sollte um drei Uhr beginnen. Tatsächlich wurde es aber knapp vier, weil Lindner von der Einweihung eines neuen Kreisverkehrs später zurückkam.

Um kurz nach fünf Uhr konnte Manuela endlich das Rathaus verlassen, nachdem man im Magistrat zu der Ansicht gekommen war, dass die Kanu-Aktion insgesamt eine tolle Sache war und dass die Jugendpflegerin natürlich nichts dafür konnte, dass die tolle Sache durch diese Wasserleiche beeinträchtigt wurde. Eine Erkenntnis, für die man nicht zwingend eine Stunde aufwenden musste, ganz zu schweigen davon, dass die Formulierung „diese Wasserleiche“ bei Manuela fast einen heftigen Wutanfall provoziert hätte, handelte es sich doch um einen ihr nahe stehenden Menschen. Aber das konnten die anderen ja nicht wissen, und so schluckte sie eine heftige Bemerkung gerade noch hinunter.

Jetzt hastete sie über den mit Fachwerkhäusern gesäumten Rathausvorplatz der restaurierten Altstadt zum Marktcafé. An einem Tisch saß Susanne Schneider, die ihre reizvolle Figur in ein dunkles Sommerkleid gehüllt hatte. Der breitkrempige, helle Sonnenhut, der ihr Gesicht beschattete, und die große Sonnenbrille gaben ihr etwas Unnahbares, verstärkt durch einen Gesichtsausdruck, der mit seiner Eiseskälte bei Manuela trotz der sommerlichen Hitze eine leichte Gänsehaut verursachte.

„Guten Tag, entschuldigen Sie die kleine Verspätung“, sagte sie und setzte sich Susanne gegenüber auf einen Korbstuhl. Diese nickte nur kurz und schaute sich immer wieder nervös um, während Manuela bei der Bedienung einen Kaffee bestellte. Manuela, die ihre eigene Nervosität mit einer Zigarette zu unterdrücken versuchte, beobachtete sie unmerklich.

Plötzlich drehte Susanne ihr das Gesicht zu, wie ein Panzerturm, der ruckartig sein Ziel fixiert. Wie aus einer Pistole abgefeuert, aber mit erzwungener Ruhe fragte sie: „Was wollen Sie eigentlich?“

Manuela war für einen Moment verblüfft. „Bitte?“

Susanne Schneider setzte ein zynisches Lächeln auf. „Sie wissen genau, was ich meine. Was soll Ihre Rumfragerei?“

„Ach so. Es interessiert mich, warum mein Onkel mit Heinrich Schneider so verkracht war. Schließlich ist Ihr Schwiegervater der Einzige, mit dem er sich gestritten hat.“

Susanne verzog die Lippen. „Ihr Onkel, wie Sie ihn nennen, war, gelinde gesagt, ein bisschen verrückt. Das erklärt ja wohl einiges. Außerdem war er gar nicht ihr Onkel.“

Manuela war jetzt hellwach – und verletzt. Sie drückte ihre halb aufgerauchte Zigarette im Aschenbecher aus, während die Bedienung ihren Kaffee abstellte, und entgegnete in distanziertem Ton: „Unser Verhältnis zu beurteilen, sollten Sie mir überlassen. Sie haben mich zu einem Gespräch gebeten. Was wollen Sie?“

„Ich möchte, dass Sie mit Ihrer Fragerei aufhören. Es ist nicht gut, in alten Geschichten rumzuwühlen, auch für Sie nicht.“

„Das klingt wie eine Warnung.“

„Es ist eine Warnung!“ zischte Susanne zwischen den gebleichten Zähnen hervor, stand auf und ging. Manuela blickte ihr einige Zeit nach und schaute dann gedankenverloren auf ihren Kaffee. Plötzlich hörte sie eine Stimme. „Hallo!“

Manuela blickte aus ihren Gedanken gerissen auf und sah Reiner, der sich zu ihr setzte. Ja, genau, sie hatte ihm ja gesagt, dass sie sich mit Susanne Schneider hier treffen wollte. Ihr ‚Hallo‘ klang etwas geistesabwesend. Aber Reiner bemerkte es nicht, weil er immer noch Susanne Schneider nachsah. Er hatte ihre letzten Worte gehört. Eine Warnung. „Na, knüpfst du jetzt schon Beziehungen zur High Society?“ fragte er Manuela leichthin, nachdem er sich einen Cappuccino bestellt hatte.

Manuela schüttelte den Kopf. „Quatsch. High Society ... Die hat ja nicht mal ihren Kaffee bezahlt.“

„Vielleicht lässt sie anschreiben. Was wollte sie von dir?“

„Mich vor Schaden bewahren. Sie hat mich gewarnt, in alten Geschichten rumzuwühlen.“

Reiner schaute sie fragend an. Seit er wusste, dass Karl Kroner Selbstmord begangen hatte, hielt er nicht mehr viel davon, einen Schuldigen für den Tod des alten Mannes zu suchen. Um nicht zu sagen: Er hielt gar nichts davon. Denn selbst wenn der Tod im Streit mit Heinrich Schneider mittelbar bedingt gewesen sein mochte – es war weder Mord noch Totschlag. Und deshalb legte man sich auch nicht mit den hoch angesehenen Schneiders an.

Manuelas Stimme riss ihn aus diesen Gedanken. „Irgendetwas stimmt hier nicht. Der alte Schneider erzählt mir etwas von alter Freundschaft und hat keine plausible Erklärung dafür, warum er und Karl sich gehasst haben. Und seine Schwiegertochter warnt mich."

Reiner wirkte jetzt genervt. „Was willst du erreichen? Heinrich Schneider einen Mord anhängen, der keiner war? Irgendetwas ans Tageslicht bringen, was keiner sehen will, was keinem nützt, sondern vielleicht allen nur schadet? Auch dir!"

Das reizte Manuela, die natürlich von Reiner Unterstützung erwartete. Schließlich hatte der noch vor ein paar Tagen gefordert, dass „das Schwein" gefasst werden müsse. Gut, es gab jetzt vielleicht keinen Mordfall mehr. Aber immerhin stimmte doch etwas nicht. In welchen alten Geschichten sollte sie nicht herumrühren? Das wollte sie jetzt wissen. „Ich weiß im Moment auch nicht, was ich will. Vielleicht will ich nur, dass man nicht schlecht über Karl denkt und sich weiter das Maul zerreißt."

„Karl ist tot!"

Manuela winkte der Bedienung. „Eben, er kann sich nicht mehr verteidigen."

„Zahlen Sie für die Dame mit?" wollte das Mädchen wissen.

Manuela warf einen Blick auf die Tasse von Frau Schneider und entschied dann: „Schreiben Sie's an!"

16. Der seltsame Brief

Auf dem Rückweg nach Hause hatten sie lange schweigend im Auto gesessen. Manuela und Reiner wohnten seit einem Jahr in Sinn im Haus von Manuelas Mutter, einem Häuschen mit einem kleinen Garten in der „Treppensiedlung". Der etwas seltsam anmutende Name stammte von den treppenartig angeordneten Reihenhäusern, die ein wenig wie Bungalows in einer Ferienhausanlage am Mittelmeer aussahen. Die „Sinner Treppe“ hatte schon mehrfach Preise für ihr gepflegtes, originelles und attraktives Aussehen bekommen, und darauf waren ihre Bewohner sehr stolz. Viele Flüchtlinge und Vertriebene hatten sich hier in der Wirtschaftswunderzeit ein Domizil geschaffen, weshalb die Straßen auch nach Karlsbad, Danzig oder Königsberg benannt worden waren.

Manuelas Haus war Ende der fünfziger Jahre von ihrem Urgroßvater gebaut worden, der mit seiner Familie 1946 aus dem Sudetenland vertrieben worden war und hier wieder Fuß fassen konnte. Ihn hatte sie ebenso wenig kennengelernt wie ihre Großeltern. Ihre Oma war bei der Geburt von Manuelas Mutter gestorben, der Vater ihrer Mutter galt als unbekannt. Ansonsten wurde in der Familie der Mantel des Schweigens über die Ereignisse in der Nachkriegszeit gelegt.

Manuelas Eltern hatten sich vor sechs Jahren – kurz nachdem sie ihr Studium begonnen hatte – getrennt. Ihr Vater hatte seinen Job als Anwalt in Herborn aufgegeben und war mit seiner damaligen Freundin nach Hamburg gezogen, wo er einen Posten als Berater eines großen Speditionsunternehmens übernahm. Manuelas Elternhaus in Herborn war verkauft worden. Ihre Mutter hatte vor drei Jahren wieder geheiratet und lebte jetzt mit ihrem Mann Herbert in Frankfurt. Zwei Jahre stand das Treppenhäuschen mehr oder weniger leer, wurde von Manuela nur als Wochenenddomizil oder während der Semesterferien genutzt, weil sie ansonsten mit Reiner zusammen eine Drei-Zimmer-Wohnung in Gießen bewohnte. Im vergangenen Jahr, als sie den Job in Herborn übernahm, hatten sie das Häuschen wieder auf Vordermann gebracht und waren im Herbst eingezogen. Wegen seines Aussehens waren sie sich einig, dass sie Haus und Garten mit der Zeit in mediterranem Stil umbauen wollten. „Toscana-Ambiente über dem mittleren Dilltal“, meinte Reiner hin und wieder selbstkritisch. Jetzt saßen sie auf der Terrasse, und Reiner setzte an, das Gespräch fortzuführen, das sie im Café etwas plötzlich beendet hatten.

„Also mit den Schneiders anlegen? Ich weiß nicht, ob das ratsam wäre. Die haben hier eine ganz schöne Machtstellung. Denk mal alleine daran, dass Roland Schneider nicht nur auf dem Sprung in den Landtag ist, sondern schon als neuer Innenminister gehandelt wird. Und denen an den Karren fahren? Oje, oje.“ Reiner war mittlerweile zu dem Schluss gekommen, dass man die Angelegenheit auf sich beruhen lassen sollte. Da es wohl kein „Schwein“ zu fassen geben würde, wie er sich unter dem ersten Eindruck von Karls vermeintlicher Ermordung ausgedrückt hatte, sah er auch keinen Sinn darin, sich irgendwelchen Ärger einzuhandeln, nachdem sie gerade hier Fuß gefasst hatten.

Manuela sah das anders. „Das weiß ich auch alles. Aber du selbst hast noch vor ein paar Tagen zu mir gesagt ...“

„... dass das Schwein erwischt werden muss, das das auf dem Gewissen hat. Ich weiß. Aber da bin ich auch von einem Mord ausgegangen. Nur: Karl hat Selbstmord begangen. Willst du dafür einen anderen verantwortlich machen?“

„Warum nicht. Die feine Familie hat irgendetwas zu verbergen, oder warum, glaubst du, hat mich die noble Frau Schneider vorhin im Café so deutlich gewarnt? Nee, da stimmt was nicht. Und ich will wissen, was!“

Reiner zuckt hilflos mit den Schultern. „Ist es das wert, Manuela?“

Manuela schaute ihn verwundert an, eigentlich wollte sie wütend losplatzen. Aber das würde nicht weiterhelfen, wenn sie sich stritten. Es wäre vielleicht jetzt auch der richtige Zeitpunkt, Reiner in die „dunkle Vergangenheit“ ihrer Familie einzuweihen. „Es gibt ein altes Familienphoto, so um 1950, auf dem sind Karl Kroner und Heinrich Schneider zu sehen. Zwischen ihnen steht eine junge Frau – und es ist ziemlich deutlich, dass sich die beiden Männer um sie bemühen. Schneider sagte mir, dass seine Freundschaft zu Karl auseinandergebrochen sei, weil beide auf dasselbe Mädchen scharf waren und Karl den Kürzeren zog. Verstehst du? Das Mädchen ist meine Großmutter. Ich will wissen, was es mit dieser Geschichte auf sich hat und welche Rolle Schneider und Karl darin spielen. Das ist auch meine Vergangenheit, das sind meine Wurzeln.“

Reiner lenkte ein: „Schön, das kann ich verstehen, aber ...“

„Reiner“, unterbrach ihn Manuela. „Meine Urgroßmutter wurde 1946 mit ihrer Tochter aus dem Sudetenland vertrieben. Sie hatten nichts als einen Koffer und einen Rucksack, als sie hier ankamen und im Turnhallenkeller einquartiert wurden. Mein Urgroßvater war noch in Kriegsgefangenschaft. Er fand erst nach langer Suche eher zufällig hier seine Familie. Das Mädchen, Hanna, meine Großmutter, brachte 1949 ein uneheliches Kind zur Welt. Keiner weiß, wer der Vater meiner Mutter ist. Hanna hat es nie verraten, und bei der Geburt ist sie gestorben.

Ich will wissen, wer für den Tod meiner Großmutter verantwortlich ist. Karl kann es mir nicht mehr sagen. Aber vielleicht Heinrich Schneider."

Reiner nickte. So gesehen konnte er das natürlich verstehen. Jeder hätte ein Interesse daran, Licht in dieses Dunkel zu bringen. Aber Reiner witterte, mehr noch als Manuela, Gefahr. Wenn die Sache wirklich mit den Schneiders zu tun hätte, dann würden die alles tun, das von Manuela angestrebte Licht im Dunkeln zu verhindern. Während er überlegte, wie sie nun vorgehen könnten, öffnete Manuela eines der Schreiben, die sie beim Reinkommen aus dem Briefkasten mitgebracht hatte.

„Dr. Berthold Winkel, Rechtsanwalt und Notar. Was will der denn von mir?" wunderte sie sich. Noch mehr verwirrte sie der Inhalt. Auch Reiner schüttelte nur ratlos den Kopf, als er den Brief durchlas.

17. Rechtsanwalt Dr. Berthold Winkel

„Mein Testament. Ich, Karl Kroner, geboren am 5. März 1929, setze folgende Personen als meine Erben ein: Erstens: Mein Haus und Grundstück sowie den gesamten Hausrat erhält Manuela Dornberg. Zweitens: Als Erben meines Geldvermögens setze ich Manuela Dornberg, wohnhaft in Sinn, Danziger Straße 14, und ihre Mutter Monika Dornberg geborene Konarek, wohnhaft in Frankfurt, Franz-Rücker-Allee 125a, zu gleichen Teilen ein. Herborn, den 21. Juni 1980. Karl Kroner."

Manuela und Monika Dornberg schauten sich verblüfft an. Manuela hatte sie sofort angerufen, nachdem sie den Brief des Notars gelesen hatte. Aber auch Monika Dornberg konnte sich keinen Reim darauf machen, warum sie zu Karl Kroners Testamentseröffnung geladen waren. Da war das Haus, das Karl von seinen Eltern übernommen hatte. Aber Manuela hatte keinen Gedanken daran verschwendet, dass sie und ihre Mutter möglicherweise als Erben infrage kämen. Sicher gab es doch irgendwo noch andere Verwandte. Jetzt allerdings belehrte sie Rechtsanwalt Dr. Berthold Winkel eines Besseren.

„Versteh ich das richtig: Karl Kroner hat uns sein gesamtes Vermögen vermacht?" fragte Monika Dornberg ungläubig.

Berthold Winkel faltete das Papier wieder zusammen und lehnte sich zurück. „So ist es. Ihnen die Hälfte des monetären Vermögens, die andere Hälfte und das immobile Vermögen Ihrer Tochter."

„Monetäres Vermögen?"

Winkel erläuterte: „Bargeld und Sparvermögen."

Jetzt schaltete sich Manuela ein. „Bargeld und Sparvermögen? Karl besaß doch nichts."

Der Rechtsanwalt und Notar zog die Augenbrauen hoch und spitzte die Lippen unter seinem grauen Vollbart. „Nun ja, so würde ich das nicht bezeichnen. Das gesamte geldliche Vermögen, also Barbestand, Sparbücher und Pfandbriefe, beläuft sich auf ... Moment!" Er überlegte kurz, beugte sich dann über seinen Schreibtisch und begann, in einer vor ihm liegenden Akte zu suchen. Schließlich wurde er fündig. „Exakt 597.991 Mark und einen Pfennig. Das ist beträchtlich mehr als nichts."

Manuela glaubte, sich verhört zu haben. „597.000 Mark? Das ist unmöglich! Das muss ein Irrtum sein."

Winkel lehnte sich wieder zurück. „Nein, da liegt kein Irrtum vor. Er hat seit ..." Jetzt beugte er sich wieder über die Akte. „... Juli 1976 monatlich tausend Mark festverzinslich zu fünf Prozent Zinsen angelegt. Das sind 300 Monate à tausend Mark gleich 300.000 Mark plus Zins und Zinseszins gleich ..."

„... 597.991 Mark", unterbrach ihn Manuela.

„Und einen Pfennig!" ergänzte Winkel.

Monika Dornberg erklärte entschieden: „Wenn das unrechtmäßiges Geld ist, werden wir die Erbschaft nicht annehmen."

Berthold Winkel schüttelte den Kopf. „Darüber liegen mir keine Erkenntnisse vor. Sie haben sechs Wochen Zeit zu entscheiden, ob Sie die Erbschaft annehmen oder ausschlagen." Weil sich die beiden Frauen nur ratlos anschauten, fügte er aufmunternd hinzu: „Ich persönlich würde zur Annahme raten, da ich keinerlei Gründe sehe, die ein Ausschlagen rechtfertigen würden."

18. Monika Dornberg

Der Bahnhof in Herborn an der Strecke Köln-Frankfurt machte auf Gleis eins und zwei einen halbwegs passablen Eindruck. Das wuchtige Bahnhofsgebäude, erbaut gegen Ende des 19. Jahrhunderts, beherbergte in seiner besten Zeit einmal eine große Gepäckabfertigung, den Fahrkartenschalter in der großen Halle, einen Kiosk, an dem sich Manuela zu ihrer Schulzeit gerne Süßigkeiten, Sammelbilder aller Art oder die „Bravo“ gekauft hatte, ein kleines Restaurant und einen kleinen Imbissstand. Davon war nun nichts mehr zu sehen. Fahrkarten zog man am Automaten, wenn er denn funktionierte, die Gepäckabfertigung war schon lange wegrationalisiert, das Restaurant hatte irgendwann keinen Pächter mehr gefunden, und nur der Kiosk war noch besetzt. Erheblich trostloser sahen die Bahnsteige aus. Ab Gleis drei begann die Wildnis zu wuchern, denn hier fuhren so gut wie keine Züge mehr, erst recht nicht im ehemaligen Güterbereich des Bahnhofs. Die Gebäude auf der anderen Seite der Gleisanlage waren zwar alle von diversen Firmen gemietet oder gekauft worden, doch die fertigten ihre Güter mit Lastwagen ab. Für die Bahn gab es hier nichts mehr zu tun. Noch schlimmer: Während die Gleisbette vor sich hin rotteten, die Schienen verrosteten und die Anlagen verlotterten, beauftragte die Bahn ihre eigene Konkurrenz mit dem Transport von Waren.

Manuela und ihre Mutter saßen an Gleis eins, auf dem die Züge Richtung Frankfurt fuhren. Am Vormittag – es war der Tag nach Fronleichnam – waren sie bei Karls Urnenbeisetzung gewesen und anschließend zu Rechtsanwalt Winkel gefahren. Sie schwiegen und hingen ihren Gedanken über die unerwartete Erbschaft nach. Für beide war es immer noch unfassbar, dass der alte Mann so viel Geld ansparen konnte. Sicher, dachte Manuela, er hatte immer mietfrei gewohnt, weil er das Haus seiner Eltern bezogen hatte, nachdem er irgendwann Anfang der siebziger Jahre aus Kanada zurückgekehrt war. Damals war sein Vater gestorben. Karl wollte eigentlich nur zur Beerdigung kommen und dann wieder zurück nach Übersee. Aber zwei Tage nach der Trauerfeier, am Tag, bevor er nach Kanada zurück wollte, fand er morgens seine Mutter tot im Bett. Sie hatte den Tod ihres geliebten Mannes nicht verwunden, den sie über Monate gepflegt hatte, als er nach einem Schlaganfall mehr tot als lebendig ans Bett gefesselt war. Aber vielleicht war es auch der wieder drohende Verlust des Sohnes, der ihren Lebensmut endgültig gebrochen hatte. Karl hatte die Beerdigung organisiert, und er war geblieben. Warum?

Plötzlich fragte Manuela: „Mama? Mama, ist Karl mein ... Ist Karl dein Vater?“

Monika Dornberg schaute sie überrascht an. „Kind, wie kommst du denn darauf?“

„Tja, wie? Karl hatte nur zu uns engen Kontakt. Er hat uns immer geholfen, wo er nur konnte. Für alle anderen war er ein Außenseiter. Und dann die Erbschaft. Mama, warum hat er uns geholfen, warum vererbt er uns so viel Geld? Ist er dein Vater?“

Monika Dornberg sah ihre Tochter an und schüttelte den Kopf. „Nein, nein, ich kann’s mir nicht vorstellen. Ich weiß nicht viel von damals. Nur das wenige, was mir Oma erzählt hat. Ich war ein uneheliches Kind, und dann noch der Vater unbekannt. Was für eine Schande für die Familie. Vertriebene aus dem Bittscheener-Land, Unwillkommene.“

Sie schwieg einen Moment. Ja, die Flüchtlinge aus dem Sudetenland waren damals nicht gerade willkommen gewesen, weil es nach dem Krieg auch auf dem Land an allem mangelte: an Wohnraum, Arbeitsplätzen, Versorgungsgütern usw. Sie wurden etwas abfällig als „Bittscheener“ bezeichnet, weil sie oft an eine Frage oder Feststellung ein „bittscheen“ anhängten oder davorsetzten.

Monika fuhr fort. „Dann kam wohl Karl und wollte meine Mutter heiraten. Aber sie wollte nicht. Da ging er nach Kanada. Als er nach über zwanzig Jahren zurückkam, erfuhr er, dass meine Mutter bei meiner Geburt gestorben war. Seitdem gehörte er irgendwie zur Familie.“ Sie schaute Manuela an. „Ob er mein Vater ist? Hätte meine Mutter dann abgelehnt, als er um ihre Hand anhielt?“

Das leuchtete Manuela ein. Also war Karl wohl nicht der Vater ihrer Mutter. Aber nur so schien Manuela sein Verhalten verständlich. Oder Karl war doch ihr Großvater, und ihre Oma hatte einen wichtigen Grund gehabt, ihn abzulehnen, obwohl er der Vater ihres Kindes war. Aber die Bilder. Diese Photographien von damals, die ihr vor einigen Tagen wieder in die Hände gefallen waren. Die Bilder sprachen eine andere Sprache. Karl und Hanna waren ein Paar. Oder zumindest waren sie auf dem Weg zu einer ernsten Beziehung, davon war Manuela überzeugt. Was war geschehen, dass sie schließlich doch nicht zueinander gefunden hatten? „Ja, vielleicht hast du recht“, wandte sich Manuela an ihre Mutter. „Das ist alles so unfassbar. Wo man hingreift, fasst man in Nebel. Der Selbstmord, die Erbschaft, das merkwürdige Verhalten der Schneiders.“

Monika Dornberg nickte. Dann stand sie auf. „Der Zug kommt gleich. Manuela, mach dir doch nicht solche Gedanken! Lass die Vergangenheit ruhen! Wem nützt das heute noch?“

Manuela sah sie verwundert an. Ihre Mutter war nun schon die zweite Person aus ihrem engen Umfeld, die ihr nahelegte, das Ganze zu vergessen. Sie spürte Ärger aufsteigen, als sie antwortete: „Es ist auch meine Vergangenheit. Vielleicht will ich einfach wissen, wo meine Wurzeln sind. Vielleicht will ich auch nur, dass jemand nicht ungeschoren davonkommt. Aber ich hab Angst, dass ich dann vielleicht jemanden hassen werde, den ich bisher geliebt habe." Das war genau der Punkt: Würde sie Karl noch so lieben und schätzen wie bisher, wenn sie die Wahrheit erfahren würde? „Ach, ich weiß auch nicht, was ich will", sagte sie und stand abrupt von der Bank auf, auf der sie gesessen hatten.

Ihre Mutter schaute sie mit einem schmerzlichen Lächeln an und umarmte sie. Manuela musste sich die Tränen verkneifen. Aber in diesem Moment fühlte sie sich unendlich hilflos und war dankbar, dass sie jemand in die Arme nahm. Für die wenigen anderen Wartenden auf dem Bahnsteig wirkte die Szene eher wie der Abschied zweier Menschen, die sich für lange Zeit nicht mehr sehen würden. Auf einem Bahnsteig nichts Ungewöhnliches.

„Lass uns erst mal Abstand zu der Sache gewinnen. Es bleibt dabei. du kommst übernächstes Wochenende zu uns. Herbert würde sich sehr freuen, dich mal wiederzusehen. Dann besprechen wir die Sache", sagte ihre Mutter.

Manuela lächelte sie an, während der Zug nach Gießen einlief. „Ja, du hast recht. Grüß Herbert von mir!"

„Mach ich. Tschüss!"

„Tschüss!" sagte auch Manuela, während sie sich noch einmal fest drückten. Dann bestieg Monika Dornberg den Waggon. Vom Abteilfenster aus sah sie, wie Manuela ihr nachwinkte. Da wusste sie noch nicht, dass aus dem Treffen am übernächsten Wochenende beinahe nichts werden würde. Denn Manuela Dornberg kam in diesem Moment, als der Zug nach Gießen den Bahnhof Herborn verließ, auf eine Idee, die sie in tödliche Gefahr brachte.

19. Der Einbrecher

Karl Kroners Haus stand in Sinn, einer der im Zuge der hessischen Gebietsreform in den siebziger Jahren entstandenen Großgemeinde, zu der außer dem gleichnamigen Kernort auch die Dörfer Fleisbach und Edingen gehörten. Sinn war mit knapp 7.000 Einwohnern deutlich kleiner als die Nachbarstadt Herborn, besaß jedoch eine im 19. Jahrhundert gewachsene Metallindustrie, aus der die „Neuhoffnungshütte Gebrüder Hahn“ mit zeitweise fast 3.000 Mitarbeitern herausragte.

„Die Hütt“, wie sie im Volksmund liebevoll, aber auch voller Achtung genannt wurde, war einer der bedeutendsten Arbeitgeber der Region gewesen, allerdings in den achtziger Jahren Spekulanten und Betrügern in die Hände gefallen, nachdem sie schon Jahre vorher wirtschaftlich ins Trudeln geraten war. Aber Mitte der siebziger Jahre hatte sie immer noch einen herausragenden Ruf, der das Selbstbewusstsein der Sinner bestärkte, mindestens den gleichen Stellenwert zu haben wie die Herborner.

Sinn war ein typisches Dorf, wie es viele an Lahn und Dill gab. Einerseits war es im Zuge der Industrialisierung im 19. Jahrhundert aufgestiegen und Anziehungspunkt für Arbeitskräfte in der ganzen Region geworden, andererseits bis in die fünfziger Jahre des 20. Jahrhunderts bäuerlich geprägt. Während die Gemeinde eine moderne Hauptschule und ein attraktives Freibad in Waldrandnähe baute, dampften mitten im Ort noch die Misthaufen vor den wenigen noch nicht in den Außenbereich des Dorfes ausgesiedelten Landwirtschaftsbetrieben. Ende der sechziger Jahre wurde der erste Supermarkt im Ortskern in einem ehemaligen Kino eröffnet – und ein paar Häuser weiter fand noch eine Hausschlachtung statt. Diese Zeitenwende, der Bruch mit vielen althergebrachten Traditionen, begann zwar noch vor Manuelas Geburt, aber sie hatte als Kind noch manche Veränderung miterlebt. War auch vieles im Unterbewusstsein versunken, jetzt drängten die Erinnerungen wieder ans Tageslicht. Dazu zählte auch Karl mit seinem alten, geheimnisvollen Haus, vor dem sie jetzt stand.

Rechtsanwalt und Notar Dr. Bernhard Winkel hatte ihr als Erbin von Grund und Boden den Schlüssel zum Haus ausgehändigt. Nachdem sie ihre Mutter auf dem Bahnhof verabschiedet hatte, war sie zunächst nach Hause gefahren und hatte sich auf die Terrasse gesetzt. Sie musste nachdenken. Aber auch nach zwei Stunden hatte sie keine Lösung für das Rätsel dieser unerwarteten Erbschaft gefunden. Dr. Winkel konnte zur Aufklärung auch nicht mehr beitragen als die Tatsache, dass er alles eingehend geprüft und für in Ordnung befunden hatte. Karl Kroner war zu ihm gekommen, um sein Testament aufzusetzen und zu deponieren. „Es gibt keinen Grund, dieses Erbe nicht anzunehmen“, hatte Winkel noch gesagt. Und da er ausschließen konnte, so sagte er, dass Manuela oder ihre Mutter für einen Berg von Schulden geradestehen müssten, sondern dass sie im Gegenteil ein nicht unerhebliches Kapital übernehmen könnten, hatte Manuela aus einem Bauchgefühl heraus geantwortet, dass sie die Erbschaft annehmen würde. Dabei dachte sie aber weniger an das viele Geld, das ihr so unerwartet in den Schoß fiel, sondern mehr noch an die Möglichkeit, mit dessen Hilfe das Geheimnis um Karl lüften zu können. Denn Karl würde sie nicht über seine Beweggründe im Unklaren lassen, war sich Manuela sicher. Es musste, so mutmaßte sie, irgendwo Unterlagen geben, die Licht in das Dunkel bringen würden. Wenn diese Unterlagen nicht bei Dr. Winkel waren, dann konnten sie nur in Karls Haus sein.

Jetzt hätte sie Reiners Rat gebraucht. Aber Reiner war an der Uni und würde auch nicht vor zehn Uhr abends zurück sein. Aber vielleicht würde Reiner auch nur sagen, sie solle die Finger davon und die Vergangenheit Vergangenheit sein lassen. Trotzdem! Sie rief ihn auf seinem Handy an. Scheiße, dachte sie, nur die Mailbox! Sie sprach ihm eine Nachricht auf, dass sie sich abends in Karls Haus umsehen wollte. Er könne dort hinkommen, wenn er zurück sei. Sie dachte gar nicht daran, dass sich Reiner wundern musste, wenn er die Nachricht abhörte. Warum sah sie sich einfach in Karls Haus um? Reiner konnte ja nichts von der Erbschaft wissen.

Dann stand sie vor Karls Haus, das nur matt von einer Straßenlaterne in der Nähe angeleuchtet war. Es war von Karls Eltern während des Nachkriegsbaubooms in den fünfziger Jahren am südlichen Ortsrand von Sinn gebaut worden. Die Häuser im Stöckweg verfügten über einen großen Garten, der von ihren Bewohnern fleißig bewirtschaftet wurde, um Gemüse, Salat, Kräuter, Kartoffeln und Obst für den Eigenbedarf zu ziehen. Mancher hatte sich sogar einen kleinen Stall gebaut und hielt Hühner und Kaninchen. Auch Karl hatte bis vor einem Jahr einen Hühnerstall. Dann wurde ihm die Arbeit zu viel, und das Geflügel wanderte nach und nach in den Kochtopf.

Karls Haus war gut in Schuss. Es stand nicht direkt an der Straße, sondern ließ einem Vorgarten Platz, der einen gepflegten Eindruck machte. Das nicht gerade kleine Grundstück war von einem Staketenzaun umfasst, der zwar schon ein gesegnetes Alter aufwies, aber dennoch frisch wirkte, weil er von Karl alle drei Jahre mit weißer Farbe gestrichen worden war. Zum letzten Mal vor ein paar Wochen, vor Ostern, erinnerte sich Manuela, als es ein paar sonnige und warme Frühlingstage gegeben hatte. Karl hatte auf einem kleinen, hölzernen Schemel vor dem Zaun gesessen, die kleine Pfeife im Mund, die einen markanten Tabaksduft verbreitete, und den Pinsel auf und ab fahren lassen.

Trotz des Dämmerlichtes konnte Manuela erkennen, dass auch der Rasen zwischen Zaun und Haus vor noch nicht allzu langer Zeit geschnitten worden war. Später sah sie, dass auch frisches wie altes Unkraut zwischen den Steinen des Weges zum Eingang entfernt worden war. Es schien, als habe Karl sein Haus noch kurz vor seinem Tod so herausgeputzt, als wolle er einen Käufer dafür finden. Oder eine Erbin?

Was war das? Etwas lenkte Manuelas Gedanken ab. Ein Lichtreflex. War es das Spiegeln der Straßenlaterne in einem der Fenster? Nein, das müsste jetzt auch zu sehen sein. Aber die Fensterscheibe im Untergeschoss sah tot aus.

Jetzt! Da war es wieder! Ein kurzer Lichtschein, der schnell wieder verschwand. Manuela sah genauer hin, fixierte das Fenster. Da! Wieder huschte ein Licht unruhig hin und her. Sie war sich nun sicher. Irgendjemand war im Haus. Wer? Reiner konnte es nicht sein. Der würde frühestens in einer halben Stunde zu Hause sein. Die Polizei? Kaum. Die würde für ihre Untersuchungen sicher Licht machen. Ein Einbrecher? Warum? Jeder wusste, dass es bei Karl nichts zu holen gab. Heinrich Schneider? Der Gedanke, dass er dort sein und nach irgendetwas suchen könnte, gab ihr den Mut, sich langsam heranzutasten und nachzusehen. Was immer auch Heinrich Schneider dort finden wollte, er würde ihr sicher nichts antun. Außerdem schätzte sie ihre eigenen sportlichen Fähigkeiten so ein, dass sie dem alten Schneider Paroli bieten könnte – oder zumindest schneller wäre als er. Als weiteren Grund, keine allzu großen Befürchtungen hegen zu müssen, schätzte sie die Tatsache ein, dass die Nachbarn nebenan den milden Abend anscheinend für eine Grillfeier mit Freunden nutzten, denn die mitunter lauten Stimmen auf der Terrasse ließen auf eine feuchtfröhliche Runde schließen. Es war also jemand in der Nähe, auf dessen Hilfe sie notfalls bauen konnte. Trotzdem tastete sie sich Richtung Hauseingang, schlich die vier Treppenstufen zur Haustür hinauf, verharrte für einen unsicheren Moment, den sie nutzte, um tief durchzuatmen, nahm dann den Griff der alten Holztür in die Hand und drückte ihn langsam herunter.

Die Tür bewegte sich nicht. Sie war abgeschlossen. Manuela ließ die Atemluft hörbar heraus, die sie vor lauter Anspannung angehalten hatte. War der Lichtschein vielleicht doch eine Täuschung gewesen? Sie griff in die Brusttasche ihrer Jeansjacke und holte den Haustürschlüssel heraus, den ihr der Anwalt übergeben hatte. Vorsichtig, damit kein Klimpern zu hören war. Ebenso leise steckte sie ihn in das Türschloss. Jetzt kam der entscheidende Augenblick. Würde sie das Schloss aufbekommen, ohne ein verräterisches Geräusch zu verursachen? Langsam bewegte sie den Schlüssel nach links bis zum Druckpunkt, dann vorsichtig etwas weiter. Millimeterweise fuhr der Riegel zurück, ohne ein Geräusch zu verursachen, während sie gleichzeitig sachte mit der Schulter gegen die Tür drückte. Die Tür gab geräuschlos nach. Manuela atmete noch einmal durch. Dann schob sie die Haustür so weit auf, dass sie sich seitlich in den Flur schieben konnte. Sie wusste: Würde sie die Tür weiter öffnen, gäbe diese ein knarrendes Geräusch von sich. Sie zog den Schlüssel ab und hätte beinahe geflucht, weil sie dabei doch ein leichtes Klirren verursacht hatte. Manuela wartete fast eine Minute, die ihr wie fünf vorkamen, weil sie sich gleichzeitig nicht traute zu atmen.

Als sie nichts hörte, schlich sie leise vorwärts. Sie wollte Heinrich Schneider überraschen, aber auch nicht allzu lange Versteck spielen. Der Lichtschein war aus dem Wohnzimmer gekommen. Das befand sich rechts vom Eingang. In dem dämmrigen Licht der Straßenlaterne, das im Hausflur noch minimal wahrnehmbar war, bemerkte Manuela, dass die Tür zum Wohnzimmer halb offen stand. Sie tastete sich leise vor und malte sich dabei aus, was für ein dummes Gesicht Heinrich Schneider machen würde, wenn plötzlich die Lampen aufflammten und sie in der Tür stehen würde.

Jetzt hatte sie die Schwelle erreicht. Mit der rechten Hand berührte sie den Türrahmen, während ihr linker Arm mit der ausgestreckten Hand in die Finsternis eintauchte und nach dem Lichtschalter suchte. Dann hatte sie ihn erreicht.

Klick-klack. Nichts passierte, es blieb finster. Manuela war überrascht. So überrascht, dass sie einen Fehler beging. Sie trat ins Zimmer und betätigte erneut den Lichtschalter. Klick-klack. Und wieder blieb das Zimmer dunkel.

In der Ahnung einer Gefahr wollte sie zurück in den Flur. Da spürte sie plötzlich einen dumpfen, stechenden Schmerz am Hinterkopf. Dass sie zusammensackte und gegen den weich gepolsterten Wohnzimmersessel fiel, nahm sie nicht mehr wahr.

20. Das Dachbodenzimmer

Manuela flüchtete. Sie rannte, rannte um ihr Leben, weg von dem unheimlichen schwarzen Verfolger, der ihr auf den Fersen war. Sie rannte und rannte, aber zu ihrem Schrecken stellte sie fest, dass sie nicht vorwärts kam. Sie wandte alle Kraft auf, aber ihre Füße bewegten sich kaum voran. Sie lief normalerweise hundert Meter in knapp 13 Sekunden. Was war los? Wie an einem starken Gummiband befestigt, das schon beinahe über seine Dehnungsfähigkeit gespannt war, kam sie sich vor. Sie keuchte. Aber noch schlimmer war, dass sie das Keuchen ihres Verfolgers im Nacken zu spüren glaubte. Sie bewegte sich, aber sie kam nicht vorwärts. Sie hörte jetzt nicht nur das Atmen des Unbekannten, sie spürte auch seinen Atem auf ihrer Haut im Nacken. Ein leichter Hauch von Knoblauch stieg ihr in die Nase. Jetzt hatte er sie erreicht, und sie spürte seine Berührung. Manuela schrie ...

Reiner legte ihr die Hand beruhigend auf die Schulter. „Okay, ich bin's. Was, um Himmels willen, ist denn passiert?“

Gott sei Dank, dachte Manuela. Damit erklärte sich auch der leichte Knobi-Duft. Wenn Reiner länger an der Uni zu tun hatte, aß er meist im „Akropolis“ zu Abend. Manuela richtete sich langsam auf und sah ihn mit angstgeweiteten Augen an. Sie war noch halb benommen von der kurzen Betäubung, während Reiner sich umsah und dann zum Wohnzimmertisch, über dem die Lampe hing, ging. Manuela hörte das leichte Quietschen, das eine schraubende Bewegung in einem Gewinde verursacht, wenn sich Schmutzpartikel zwischen den beweglichen Teilen befinden. Nur ein leises Quietschen, aber in Manuelas angegriffenen Zustand war es ein Geräusch, das über einen extremen Verstärker in ihre Gehörgänge zu dringen schien und das dumpfe, unangenehme Pochen verstärkte. „Wo kommst du denn her?“

„Als ich die Mailbox abgehört hatte, bin ich sofort nach dem Seminar los und hierher. Ich wollte dich nicht alleine hier rumsuchen lassen.

Schon von der Straße her hab ich gesehen, dass die Haustür offen stand. Also warst du schon da. Ich bin rein und sah dich hier liegen. Was ist passiert?"

Manuela rieb sich den Hinterkopf, wo sie der Schlag des Unbekannten getroffen hatte. „Ich hab einen Lichtschein gesehen. Wie von einer Taschenlampe. Ich bin rein und wollte nachschauen. Und dann war ich plötzlich weg." Sie schaute ihn jetzt misstrauisch fragend an.

Reiner bemerkte den Blick und wurde sauer. „Also ich war's nicht. Jetzt fang bloß nicht an, mir auch noch zu misstrauen. Warum hast du eigentlich nicht die Polizei gerufen?"

„Na, du hast doch auch nicht die Polizei gerufen."

Reiner verdrehte die Augen. „Weil ich ja auch davon ausgehen konnte, dass du hier bist. Viel wichtiger ist mir, mal zu erfahren, warum du hier bist?"

Als Manuela ihm von dem Termin bei Rechtsanwalt Dr. Berthold Winkel und der plötzlichen Erbschaft erzählte, war Reiner zunächst verblüfft. Als er sich wieder gefangen hatte, strich er mit dem Daumennagel über seine Unterlippe und sagte: „Das Ganze fängt an, mysteriös zu werden."

Manuela, die langsam etwas klarer im Kopf wurde, nickte: „Mysteriös, das ist der richtige Ausdruck. Irgendetwas muss hier sein, was irgendjemand braucht, um irgendetwas nicht ans Tageslicht kommen zu lassen."

„Und wenn's ein Einbrecher war? Karl hat doch angeblich sein ganzes Geld irgendwo versteckt."

Manuela schnaufte ironisch. „Ach, dieses alte Goldgräber-Märchen. Nein, nein, das muss was anderes sein."

„Na, ich weiß nicht."

Von einem plötzlichen Gedanken getrieben, schnellte Manuela auf und verließ das Wohnzimmer, so dass Reiner ihr überrascht nachrief: „He, wo willst du hin?"

Er rannte hinter ihr her ins Treppenhaus. Manuela war schon in der ersten Etage. Vom oberen Flur führte eine alte Holztür zur Stiege, die auf dem Speicher endete. Manuela öffnete die Tür mit einem Ruck und rannte die schmalen Treppen hinauf. Oben angekommen, blieb sie einen Moment stehen, um sich zurechtzufinden. Sie hatte in der Eile kein Licht gemacht. Das holte Reiner nach. Die nackte 60-Watt-Glühbirne, die von der Decke hing, tauchte den Speicherraum in ein schummriges Licht. Manuela kniff die Augen etwas zusammen und sah zum anderen Ende des Dachbodens, als Reiner sie erreichte.

Überall standen Kisten mit Sachen, die Karl aufgehoben hatte, weil er sie nicht wegwerfen konnte und der Meinung war, dass man sie irgendwann einmal gebrauchen könnte. In der einen Ecke lagen die Speichenräder eines alten Karrens, für die mancher etliche Scheine geboten hätte, um damit sein Gartenhäuschen zu dekorieren, daneben standen drei oder vier Pappkartons mit Zeitschriften, davor stapelten sich Holzlatten neben Kästen mit diversen Eisenteilen. Weiter in der Mitte standen die Reste einer Wohnzimmereinrichtung der wilhelminischen Zeit. Und dahinter? Ja, dahinter sah Reiner eine Wand aus Spanplatten. Zuerst dachte er, dass es die Giebelwand sei. Aber bei genauem Hinsehen konnte er die Tür erkennen, die in die Wand eingeschnitten war. Dahinter musste also noch etwas sein.

Langsam ging Manuela auf die Tür zu. Einen Moment zögerte sie, dann drückte sie beherzt die Tür auf und ging in den Raum, der hinter der Spanplattenwand lag. Reiner folgte ihr sofort und glaubte, seinen Augen nicht zu trauen. Der Boden des schmalen Raumes war mit dickem Schiffsparkett belegt. Die Seitenwände bestanden aus leicht gerundeten Brettern, ähnlich wie eine Blockhauswand. Hinten links in der Ecke stand ein Tisch, davor und dahinter jeweils eine lange Bank, ähnlich einer Bierzeltgarnitur. Nur war sie selbstgebaut aus rustikalen Hölzern. An der Wand rechts neben dem Eingang stand ein großes Regal mit Büchern.

An der gegenüberliegenden Wand und an der Giebelfensterseite sahen Manuela und Reiner eine Dekoration, die sie für einen Moment den Atem stocken ließ. Neben einer großen, anscheinend uralten Landkarte von Nordamerika hingen diverse Waffen an der Wand: Indianische Streitäxte, ein Bogen mit Pfeilköcher, ein echtes Bowiemesser, eine Vorderladerflinte, ein Hinterlader und ein Repetiergewehr, wie sie Reiner als Kind in Westernfilmen gesehen hatte. Daneben zwei Colts und eine doppelläufige Büchse. Neben dem Fenster am Giebel hingen ein gebleichter Stierkopf, eine Friedenspfeife mit ledernem Tabakbeutel, eine Ledertasche und ein breiter Gürtel mit zwei Pistolentaschen. Auf einem kleinen Beistelltisch lag eine anscheinend echte Federhaube eines indianischen Häuptlings, und an Nägeln in der Wand hingen Jacken, die an den Nähten ausgefranst waren.

„Was ist das denn?“ staunte Reiner.

„Das hat er nie jemandem gezeigt. Nicht einmal ich bin schon hier gewesen. Einmal wollt ich hier rein, da war ich vielleicht neun Jahre alt. Aber er hat mich noch auf der Stiege erwischt. Karl war ziemlich böse auf mich.“ Manuela sah Reiner an. „Ich hab’s nie wieder versucht.“

Reiner hatte sich mittlerweile von seiner ersten Überraschung erholt. Er nahm das Repetiergewehr von der Wand und ließ es, verwundert über das Gewicht, beinahe fallen. „Boh, ist das Ding schwer“, wunderte er sich. „Kaum zu glauben, dass man damit einhändig vom galoppierenden Pferd aus rückwärts schießen und treffen kann.“

„Verlangt auch keiner von dir“, entgegnete Manuela trocken und begann zwischen den Buchreihen zu suchen.

Reiner brummelte: „John Wayne konnte das aber.“ Er stellte das Gewehr neben die Tür und entdeckte gleich ein weiteres Objekt jugendlicher Begierde: einen Patronengürtel mit Colt, der auf der Bank lag.

Derweil blätterte Manuela in den Seiten eines Gerstäcker-Bandes. „Irgendwo muss doch etwas zu finden sein“, überlegte sie. Karl hatte sich doch sicher gedacht, dass sie das Dachbodenzimmer, sein verbotenes Reich, sofort aufsuchen würde. Schon aus Neugierde. Ein Klicken ließ sie zu Reiner schauen. Der hatte mittlerweile den Patronengurt umgeschnallt und mimte den Revolverhelden: die Beine leicht auseinander gestellt und in den Knien eingeknickt, die Hände neben den Hüften, die Finger abgespreizt, den Blick starr nach vorn gerichtet. Dann schnellte seine Hand zum Colt, der in Sekundenschnelle aus dem Holster schlüpfte. Während Reiner mit der flachen, gestreckten Linken ruckartig den Hahn drei-, viermal spannte, ließ er mit der Rechten den Abzug klicken. Manuela verdrehte die Augen. „Gut, dass er nicht geladen ist, Mr. Clint Eastwood“, schnaufte sie und widmete sich wieder den Büchern.

Erst jetzt bemerkte Reiner, dass sie ihn beobachtet hatte und ließ ein verlegenes Grinsen sehen. Um sich einen einigermaßen guten Abgang zu verschaffen, ließ er den Colt ein paarmal um den Zeigefinger kreisen und steckte ihn ins Holster zurück. Dann trat er an das Regal heran. Karl hatte hier anscheinend eine Menge alter Schmöker gelagert. Mit dem Finger fuhr er die Buchrücken ab und kam aus dem Staunen nicht heraus. „Cooper, Gerstäcker, Ferry, Möllhausen, May, Sealsfield, London. Hier stehen alle zehntausend Abenteuer jenseits des Mississippi ...“

Auch wenn er als Germanistik-Dozent eine andere Art von Literatur bevorzugte als die, die man gemeinhin als trivial bezeichnete, der Faszination der alten Schmöker mit ihren mit phantasievollen Ornamenten versehenen Buchrücken, den farbigen Deckelbildern voller Exotik und Abenteuer und den verschnörkelten Titelschriften konnte sich kein Literaturwissenschaftler entziehen. Er nahm eines der Bücher heraus. Ein braun marmorierter Pappeinband, die Seiten stockfleckig, stellenweise eingerissen. Er las vor, was auf dem Innentitel stand: „Gesammelte Werke von Charles Sealsfield, zweiter Teil, Der Legitime und die Republikaner, Stuttgart, 1845." Reiner atmete heftig aus: „Das sind alles uralte Originale. Teilweise über 150 Jahre alt. Möchte mal wissen, was die Schwarten heute wert sind." Nachdem er noch einmal einen Blick durch den Raum schweifen ließ, setzte er hinzu: „Der Mann ist zeitlebens ein Kind geblieben."

Manuela hatte in der Zwischenzeit ebenfalls den Raum durchsucht. Jetzt drehte sie sich zu ihm um und schaute ihn an. „Vielleicht. Vielleicht war er auch nur schrecklich einsam."

„Wildwest-Abenteuer und dieses Museum als Beziehungsersatz? Pfff."

Manuela konterte: „Aber irgendetwas hat er gewusst, was irgendjemand nicht ans Tageslicht kommen lassen will. Und das ist hier, und nur hier, versteckt." Die gelinde Wut, die bei ihr infolge Reiners etwas abfälliger Bemerkung wieder hochkam, gab ihr auch das Gefühl, dass ihr Hirn anfing, auf das Doppelte anzuwachsen. Sie fasste sich an den immer noch lädierten Kopf. Reiner sah das und nahm sie in den Arm.

„Komm, ich bring dich nach Hause. Wir suchen morgen gründlich nach!"

21. Hansi Brinkmann

Im großen Wohnzimmer von Roland Schneider saß die gesamte Familie einschließlich Heinrich, Gerhard und Caro. Gerhard, der zusammen mit seiner Frau und zwei Söhnen das alte Schneider-Haus oberhalb des Firmengeländes bewohnte, hatte gegen acht Uhr abends angerufen und ziemlich geheimnisvoll getan. Der Familienrat sollte sich um elf Uhr treffen, er habe eine Überraschung. Mehr wolle er noch nicht sagen. Um kurz vor elf kam er dann, allein, weil er seiner Frau von den familieninternen Schwierigkeiten noch gar nichts gesagt hatte. Aber auch jetzt war er zu keiner Mitteilung bereit. Sie saßen seit einer knappen halben Stunde im Wohnzimmer, und auf die eine oder andere Nachfrage der anderen schmunzelte Gerhard nur und vertröstete sie mit der Bemerkung: „Wartet einfach mal ab!"

So langsam wurde es Heinrich zu blöd. Er war seit seiner Kindheit ein Frühaufsteher. Morgens spätestens um sechs Uhr raus, ein ertragreiches Tagwerk verrichten und spätestens um elf abends schon auf dem Weg in die Tiefschlafphase sein. Jetzt war es schon deutlich später, und er wusste immer noch nicht, warum er hier im Kreise der Familie saß und wartete. Deshalb platzte ihm der Kragen. „Darf ich endlich mal den Grund des späten Treffens erfahren? Immerhin ist bald Mitternacht."

Gerhard sah ein, dass er langsam mal mit seiner Nachricht herausrücken musste. Hansi Brinkmann hatte ihm nachmittags in der Firma gesagt, dass er an diesem Abend wohl mit der Durchsuchung des Hauses fertig würde. Er käme zwischen elf und zwölf Uhr abends vorbei. Mehr war aus Hansi nicht herauszuholen, aber Gerhard war überzeugt, dass er heute die Papiere auf den Tisch legen würde. Und er, Gerhard, hätte dann dafür gesorgt, dass das verhängnisvolle Material keinem Unbefugten in die Hände fallen würde. „Noch etwas Geduld. Ich hab eine kleine Überraschung!"

„Na, da bin ich aber gespannt", sagte Susanne mit deutlichem Zweifel in der Stimme. „Überraschungen gab's in den letzten Tagen einige, allerdings eher unangenehme."

„Diesmal wird's eher eine angenehme", konterte Gerhard.

Roland wurde nun auch ungeduldig. „Jetzt red schon!"

Gerhard schaute noch einmal im Kreis herum, dann sagte er: „Unser Problem ist dieser Brief, dieses Schriftstück, das Papas Schuld beweist."

„Juristisch ist die Sache eigentlich verjährt", warf Roland ein.

„Aber in der Öffentlichkeit würden wir ziemlich schlecht dastehen, ganz abgesehen davon, was dieser Göre an Geld zustehen würde", gab Susanne zu bedenken.

Heinrich drängte: „Also, was ist jetzt?"

Gerhard fuhr fort: „Ich habe jemanden für ein paar Hunderter davon überzeugen können, sich einmal in Kroners Haus ein bisschen näher umzusehen." Die Hausklingel unterbrach seine Erklärung. „Ah, das ist er. Moment!"

Während Gerhard rausging, um den geheimnisumwitterten Gast hereinzulassen, schauten sich die anderen überrascht an. „Da bin ich aber mal gespannt“, zischelte Susanne.

Heinrich blaffte: „Das hast du eben schon mal gesagt.“

Bevor Susanne mit einer Boshaftigkeit antworten konnte, trat Gerhard mit dem großen Unbekannten ein, bei dessen Anblick ihr jede Bemerkung im Halse stecken blieb. Ach du Scheiße, dachte sie, hatte sich aber im nächsten Moment wieder gefangen und grüßte wie die anderen, mit Ausnahme von Heinrich, mit einem „Guten Abend“. Der Senior schaute den Besucher nur kurz an, drehte dann den Kopf zur Seite und nuschelte ein unfreundliches „‘N Abend!“

Gerhard übernahm die Vorstellung des Gastes. „Also, das ist Hansi Brinkmann, einer unserer fähigsten Mitarbeiter in der Firma. Er hat sich in den vergangenen drei Tagen nach Dienstschluss in Kroners Haus umgesehen, denn da müssen die Papiere ja irgendwo sein.“ Nach dieser verheißungsvollen Einleitung schaute er Hansi gespannt an: „Also, Hansi!“

Der „fähige Mitarbeiter“ druckste verlegen herum. Als er die erwartungsvollen Blicke sah, die auf ihn gerichtet waren, presste er schließlich ein kaum hörbares „Nichts!“ zwischen den Lippen hervor.

Gerhards Unterkiefer machte eine Abwärtsbewegung und sein Gesicht begann, eine rötliche Färbung anzunehmen. „Was?“

Hansi fasste etwas Mut. „Nichts. Ich hab nichts gefunden. Keine Papiere, so wie Sie sie mir beschrieben haben. Ich hab drei Nächte lang das Haus von oben bis unten durchsucht. Jedes Zimmer, jeden Kasten, jeden Schrank, jede Schublade! Nichts!“

Susanne sank in die Polster des Sofas zurück. „Also ein Totalflop“, raunzte sie.

Gerhard war sichtlich enttäuscht von seinem „fähigen Mitarbeiter“. „Aber, das gibt’s doch nicht!“

„Allerdings ...“, setzte Hansi an.

„Also doch etwas?“ Gerhards Hoffnungen stiegen wieder.

„Na ja. Ich war gerade fertig und wollte mich aus dem Staub machen, da kam diese Manuela Dornberg rein.“

Susanne verzog das Gesicht. In die verlegene Stille hinein ließ Caro eine Kaugummiblase laut zerplatzen, was ihr die strafenden Blicke der anderen einbrachte. Letztlich war ihr das aber egal, weil sie die ganze

Sache nicht sonderlich interessierte. Für sie war lediglich wichtig, ob diese mitternächtliche Runde zu einer Lockerung ihrer Quarantäne führte. Und das war im Moment eher nicht abzusehen.

„Ach du Scheiße!“ fluchte Heinrich.

Hansi erzählte weiter. „Ich hab was an der Haustür gehört und mich im Wohnzimmer versteckt. Ich hab noch schnell die Glühbirne aus der Deckenlampe locker geschraubt. Sie kam langsam hereingeschlichen, ohne Licht zu machen. Im Wohnzimmer hat sie es dann versucht, natürlich vergeblich. Als sie mir im Dunkeln fast auf die Füße getreten ist, hab ich ihr einen Klaps gegeben, dass sie umfiel und bin abgehauen.“

Heinrich war erschrocken. „Einen Klaps? Du hast sie wohl niedergeschlagen? Und wenn sie jetzt ...“

„Nee, nee, das war wirklich nur ganz leicht. Nur damit ich abhauen konnte.“

Roland machte einen zunehmend kraftloseren Eindruck. Er sah sein Lebenswerk – so nannte er es Susanne gegenüber immer – langsam in die Brüche gehen. „Ach du meine Güte. Einbruch, Hausfriedensbruch, Körperverletzung!“

„Komm, komm, jetzt lass mal den Rechtsanwalt beiseite“, schaltete sich Gerhard wieder ein. „Du sollst Innen- und nicht Justizminister werden. Wir müssen überlegen!“

Gespannte Ruhe herrschte für fast eine Minute über der Familie, während Hansi zunehmend unsicherer wurde und begann, von einem Bein auf das andere zu tanzen. Bevor er einen Riss in den mit Toscana-Keramik belegten Wohnzimmerboden treten konnte, meldete sich Heinrich Schneider. „Wenn die Papiere nicht im Haus sind, müssen sie woanders sein.“

„Bank? Notar?“ warf Susanne in die kurzzeitige Phase des Nachdenkens.

Heinrich schüttelte den Kopf. „Dazu war Karl nicht der Typ. Nein, ich denke an was anderes. Da gab’s vor Jahren mal so ein Gerücht. Irgendjemand hatte ihn im Wald gesehen, als er ein Loch grub, um einen Holzkasten zu verstecken. Er hat den anderen aber bemerkt und machte sich auf und davon.“

Roland erwachte aus seiner Resignation. „Ja, ich erinnere mich. Die Leute behaupteten, Kroner habe in Kanada Gold gefunden und es im Wald vergraben wollen.“

„Genau. Vielleicht war es kein Gold, sondern ...“

„... die Papiere!“ wurde Heinrich von Gerhard unterbrochen.

„Genau. Man müsste vielleicht einmal an Karls bevorzugten Aussichtspunkten nachschauen.“

Susanne konnte sich ein Grinsen nicht verkneifen. „Ich weiß nicht, klingt ein bisschen arg abenteuerlich.“

„Weißt du was Besseres?“ zischte Heinrich.

An diesem Abend gaben Menschen, denen man gemeinhin einen gesunden Menschenverstand attestiert hätte, in ihrer Verzweiflung über ein anscheinend unlösbares Problem einer Legende neue Nahrung.

3. Teil

Goldgräber

22. Werner Schnorr

Nachts hatte es ein Gewitter gegeben. Der Waldboden war vollgesogen mit Feuchtigkeit, und auf den Blättern der Bäume und Büsche glitzerten die Wassertropfen in der Sonne, die sich zwischen dem Rest von Wolken hindurch langsam einen Weg bahnte. Um diese Zeit war niemand im Forst unterwegs. Außer Werner Schnorr mit seinem Hund.

Werner Schnorr war Anfang vierzig, unverheiratet, zurzeit ohne Beschäftigung – jedenfalls ohne sozialversicherungspflichtige – und wohnte mietfrei bei seiner Mutter. Schnorrs waren nie auf Rosen gebettet gewesen, und nach dem frühen Tod ihres Mannes hatte Margret Schnorr geborene Schlott alle Hände voll zu tun, um Werner auf einen erfolgreichen Weg zu bringen. Da sie auf jeden Pfennig achten musste, entwickelte sie eine schier unglaubliche Fähigkeit, zur richtigen Zeit am richtigen Ort zu sein, um zu irgendetwas eingeladen zu werden. Zu Kaffee und Kuchen zum Beispiel oder zu einem Geburtstagsfrühstück bei Leuten, die sie eigentlich überhaupt nicht kannte, bei denen sie aber gerade und vor allem zufällig vorbeikam. Das brachte ihr zwar den hinter vorgehaltener Hand geäußerten Ruf ein, aus dem Familiennamen Schnorr ein Überlebensprogramm kreiert zu haben, aber sie war letztendlich damit erfolgreich und konnte so die nicht gerade üppig ausgestattete Familienkasse ein bisschen entlasten.

Werners Weg aber war nie besonders erfolgreich. Er war kein guter Schüler gewesen und hatte nach der Hauptschule auch keine bemerkenswerte Karriere im Beruf eines Kfz-Mechanikers gemacht. In den achtziger Jahren hatte er trotzdem einen Wagen gefahren, der zehn Jahre später kurzzeitig zu einem gewissen Kultstatus kam, einen Opel Manta. Den hatte er aber weniger aus eigener Hände Arbeit erwirtschaftet, als vielmehr durch die Unterstützung seiner Mutter, die sich davon überzeugen ließ, dass ein Auto in der Familie auch ihren Ansprüchen gerecht werden konnte. So akzeptierte es Werner, dass er seine Mutter jeden Freitag mit dem Manta zum Einkaufen fahren musste und sich dafür aber den Rest der Woche mit dem Flitzer präsentieren konnte. Den erwünschten Erfolg bei Frauen hatte er damit nicht, und nachdem der Manta irgendwann aufgrund sich häufender Reparaturen nicht mehr zu halten war, hatte sich Werner mit dem Geld seiner Mutter ein neues Statussymbol angeschafft: einen Kampfhund. So glaubte er jedenfalls.

Aber der Neufundländer, den er sich als „scharf" hatte aufschwatzen lassen, strahlte schon in seiner Kindheit keine Gefährlichkeit aus, eignete sie sich nicht im Erwachsenenalter an und lehnte sie auch jetzt ab, da sich sein Leben langsam dem Ende zuneigte.

Dreimal am Tag war Werner mit Maxl, wie der Hund hieß, unterwegs. Früh morgens, so gegen sechs Uhr, kurz nach Mittag und abends vor den Tagesthemen.

Es war kurz nach sieben, und Werner war auf dem Rückweg vom Spaziergang. Um acht könnte er wieder zu Hause sein, würde frühstücken und dann mal schauen, was zu tun war, bevor seine Mutter das Mittagessen auf den Tisch stellte. Heute war Mittwoch, da gab es entweder grobe Bratwürste mit Bratkartoffeln oder Hackbraten mit Bratkartoffeln oder ... Auf jeden Fall würde es Bratkartoffeln geben, denn gestern hatte Hering mit gekochten Kartoffeln auf dem Tisch gestanden, und von denen waren noch so viele übrig, dass sie sich heute auf jeden Fall zu Bratkartoffeln verarbeiten ließen. Oder als Kartoffelbrei? Oder Kartoffelsalat?

Da nahm Werner, während er schon an die bevorstehenden kulinarischen Spezialitäten dachte, ein schwaches Blitzen wahr, das sich mehrfach wiederholte. Kurz hinter der Gabelung des Wegs blieb er stehen und schaute in das frische Grün des Waldes. Weiter hinten sah er den kleinen Weiher, dessen Wasseroberfläche zu ihm herüberblinzelte. Aber das war es nicht. Das, was er unbewusst wahrgenommen hatte, war nur ein kurzes Aufleuchten. Halt, da war es wieder. Jetzt sah er auch, woher es kam. Vor dem kleinen Teich, am Ufer, stand eine Gestalt, dunkel gekleidet, und bewegte einen Spaten auf und ab. Diese Bewegung hatte das kurze Aufblitzen im Sonnenlicht verursacht. Werner schaute genauer hin und sah, dass da jemand grub. „He, Sie! Was machen Sie denn da?" rief Werner.

Eine Antwort bekam er nicht, denn der Angerufene schreckte hoch, ergriff dann in panischer Angst seine Werkzeuge und rannte davon.

„Halt! Stehen bleiben!" rief Werner ihm hinterher. Aber auch ohne die Angst vor dem Entdecktwerden hätte kaum irgendjemand auf Werners Aufforderung reagiert. Der Versuch eines Spurts hinter dem Unbekannten her, der eifrig bedacht gewesen war, nichts von seinem Gesicht zu zeigen, erwies sich als erfolglos. Das Aufheulen eines Motors signalisierte ihm, dass die mysteriöse Person uneinholbar entschwunden war.

Werner Schnorr stapfte missmutig den Waldweg entlang. Der keineswegs zu Spurts aufgelegte Maxl hatte sich altersbedingt als Hemmschuh und damit als untauglich für eine zielgerichtete Verfolgung erwiesen. So gelang es Werner nicht mehr, das Nummernschild des davonbrausenden Wagens zu erkennen. Nur dass dieser silbergrau war, sah er. Aber diese Farbe hatten viele.

23. Margret Schnorr

„... und dann ist der mitsamt seiner Schippe und Hacke weggerannt. Der Werner hat noch gerufen: ‚Halt, stehen bleiben!‘ Aber der hat nicht gehört. Hat die Sachen ins Auto gebracht und ist abgerauscht.“ Aus Margret Schnorrs Stimme sprach immer noch ehrliche Empörung darüber, dass ihr Werner „Halt!“ gerufen und der Unbekannte das einfach ignoriert hatte. Margret Schnorrs Gegenüber, Hedwig Sülzner, legte überrascht die Fingerspitzen ihrer rechten Hand auf den Mund, streckte den Kopf nach vorn, ließ die Hand leicht sinken und raunte: „Unglaublich. Und der Werner hat den nicht erkannt?“

Margret Schnorr schüttelte den Kopf, wobei sie resigniert die Augen geschlossen hielt. „Nein, der war ja ziemlich weit weg. Aber es war ein großer Mann, eher ein jüngerer. Der Werner hat ja erst gedacht: Am Ende will da einer ne Leiche vergraben, aber dazu ist der Platz doch viel zu offen, und das Loch war auch zu klein.“

„Also, das ist ja ein Ding. Und wo war das?“ wollte Hedwig Sülzner wissen.

Jetzt senkte Margret Schnorr den Kopf, nachdem sie verstohlen nach links und rechts geblinzelt hatte und antwortete mit leiser Stimme: „Bei den Drei Eichen.“

Die „Drei Eichen“ waren eine Baumgruppe im oberen Stippbachtal. Es waren drei alte, knorrige Stämme, und sie standen im Winkel einer Weggabelung am obersten der fünf großen Fischweiher, die im Stippbachtal vom gleichnamigen Fließgewässer gespeist wurden. Der eine Teil des Weges führte durch den Wald auf die Höhe zum Rennweg, der andere nach ein paar hundert Metern zum „Alten Bahnhof“, einem Knotenpunkt, an dem in früheren Zeiten die Postkutschenpferde gewechselt wurden. Von hier aus führten Waldwege in diverse Richtungen weiter. An der Gabelung weiter unten war vor über hundert Jahren mal ein Förster von einem Wilderer erschossen worden. Den Wilderer hatte man gefasst, verurteilt und hingerichtet. Zu Ehren des Försters waren die drei Eichen dort gepflanzt worden.

„Vielleicht wollte der einen Schatz ausgraben", mutmaßte Hedwig.

Margret wollte zuerst belustigt abwinken, wurde dann aber stutzig: „Warte mal, ist das nicht da, wo der Kroner-Karl mal mit Spaten und Geldkassette gesehen worden ist?"

Hedwig setzte nach: „Ei, ja. Man sagt ja, dass der Kerl in Kanada war und da reich geworden ist."

Margret rümpfte die Nase. „Ach, das glaub ich nicht. Dann hätte der doch anders gelebt. Nicht so ärmlich."

Hedwig ließ nicht locker. „Aber der hat doch auch nicht gearbeitet. Wovon hat der denn dann gelebt? Nee, nee, ich glaub, da ist was dran. Der hat vielleicht in Kanada Gold gefunden und das da vergraben."

Margret wurde nachdenklich. „Bei den Drei Eichen?"

„Ei, sag ich doch. Und der, der da gegraben hat, der hat das gewusst."

„Gold bei den Drei Eichen?" Margrets eigentlich als Frage gedachte Entgegnung hatte schon mehr den unterstreichenden Charakter der Hoffnung, die jeder Lottospieler hegt, sobald die erste gezogene Zahl auch auf seinem Spielschein zu finden ist.

„Ei, ja, oder sonst wo. Der Karl war doch viel im Wald unterwegs. Aber erzähl das jetzt nicht weiter."

Margret Schnorr zeigte eine leicht gekränkte Miene. „Nee, nee. Ich doch nicht! Tschüss."

Sie reichten sich die Hände, verabschiedeten sich und gingen in entgegengesetzte Richtungen auseinander. Selbst wenn Margret Schnorr später nicht ihrer nie einzudämmenden Neigung nachgekommen wäre, Neuigkeiten sofort unter Interessierten und Nichtinteressierten zu verbreiten, wären die beiden Frauen mit ihrem kleinen Geheimnis nicht mehr allein gewesen. Das Gespräch vor dem Eingang des Landhandels Bartuschek war zunächst unfreiwillig, aber dann mit wachsendem Interesse, von Inhaber Josef Bartuschek mitgehört worden, der gerade unbemerkt hinter der wegen der frühsommerlichen Hitze offen stehenden Tür Samentütchen in ein Regal einräumte.

Während Josef Bartuschek darüber nachdachte, wo er heute Abend nach Geschäftsschluss mit der Suche nach Karl Kroners Gold beginnen sollte, verriet Margret Schnorr kurz vor dem Elf-Uhr-Läuten der evangelischen Kirche unter dem Siegel der Verschwiegenheit die Essenz ihres Gesprächs mit Hedwig Sülzner an Evelyn Rotter, die wiederum kurz vor Mittag gegenüber ihrer Kegelkameradin Ingeborg Hüsken das Gelöbnis der Verschwiegenheit brach. Zur selben Zeit hatte Hedwig Sülzner ihr Schweigen schon gegenüber drei anderen Bekannten gebrochen.

Von einigen der nunmehr als Geheimnisträger einzustufenden Personen wurden die Mutmaßungen Hedwigs und Margrets eher belächelt. Dass es sich dabei um die deutliche Mehrheit handelte, sprach für den gesunden Menschenverstand der Leute im Ort. Bei einigen traf die Aussicht auf einen vermeintlichen Schatz aber auf fruchtbaren Boden. Durch diese Personen, die später als Naivlinge – oder auch weniger respektvoll als Idioten – bezeichnet wurden, entschloss sich Josef Bartuschek am späten Nachmittag zu einer Maßnahme, die aus ökonomischer Sicht eigentlich unvertretbar gewesen wäre.

24. Josef Bartuschek

Josef Bartuschek stand hinter dem Tresen und sortierte Rechnungen. Es war gerade kurz nach vier Uhr, und im Radio gab der Verkehrsfunk die aktuellen Staumeldungen durch. Rund um Frankfurt ging im Berufsverkehr mal wieder nichts mehr, die A5 schien aus einem einzigen Stau zu bestehen. Auch auf der A45 war kein wirkliches Vorwärtskommen, der Radiosprecher nannte die schon typischen Nadelöhre zwischen Gambacher Kreuz und Gießener Südkreuz, Kalteiche und Siegen. Außerdem noch eine Baustelle zwischen Ehringshausen und dem Wetzlarer Kreuz. Stau, stockender Verkehr, Stillstand.

Bartuschek lächelte sanft. Er war froh, sich dieses Chaos nicht jeden Tag antun zu müssen wie die bedauernswerten Pendler. Versonnen blickte er durch die Schaufensterscheibe nach draußen und drehte nachdenklich den Bleistift zwischen den Zähnen. Da sah er eine kräftige Gestalt zielstrebig auf seinen Laden zukommen. Es war Werner Schnorr. Blitzartig wurde Bartuschek klar, warum Werner auftauchte. Hin und wieder half er aus, wenn es viel zu tun gab. Aber diesmal würde er nicht nach Aushilfsarbeiten fragen. Da war sich Bartuschek sicher. Er schlich vorsichtig nach vorn und machte sich im Quergang vor der Eingangstür an den Haustierartikeln zu schaffen, wodurch er den Weg in den zweiten Verkaufsraum versperrte. Die Ladentür öffnete sich mit einem antiquierten Glockenklang, der wahrscheinlich schon zu Bismarcks Zeiten den Eintritt eines Kunden in diesen Laden angekündigt hatte.

Werner Schnorr grinste zu Bartuschek hinüber. „Tach!“

Der Händler nickte nur. „Kann ich dir helfen?“

Werners Grinsen wurde einen Zentimeter breiter. „Ja, ich hätte gerne eine Spitzhacke.“

Bartuschek zog die Augenbrauen hoch. „Und eine Schippe?“

Nochmals verbreiterte sich Werners Grinsen. „Ja, und eine Schippe.“

Bartuschek bewegte seinen Kopf mitleidig hin und her, wobei sein Blick die Terracotta-Fliesen auf dem Boden fixierte. „Tut mir leid.“

Werner verstand ihn falsch und grinste noch etwas mehr. „Nein, nein, kein Trauerfall. Außerdem würde ich nie ...“

„Tut mir leid, aber ich kann dir weder eine Spitzhacke noch eine Schippe verkaufen“, stellte Bartuschek klar.

Werners Grinsen erlosch schlagartig. Wieso konnte er in einem Landhandel keinen Spaten und keine Spitzhacke bekommen? „Warum?“ fragte er ungläubig.

Bartuschek blies die Luft hörbar aus. „Weil ich keine mehr habe!“

„Keine Spitzhacke?“

„Nein, und auch keine Schippe!“

Werner unternahm noch einen Versuch. „Einen Spaten?“

„Nein, auch keinen Spaten. Ich habe heute schon fünf Spitzhacken, vier Schippen und sieben Spaten verkauft. Ich habe nichts mehr. Nicht einmal einen Bagger. Das Einzige, was ich dir noch anbieten kann, ist das da.“ Dabei deutete Bartuschek auf einen Weidenkorb, der eine Auswahl seiner für die Beet- und Grabpflege geeigneten Werkzeuge enthielt.

Werner überlegte kurz. Sein Urteil: Billiger und unauffälliger. „Besser als nichts. Bitte ein Schippchen und ein Häckchen!“

Zwei Minuten nachdem Werner den Laden wieder verlassen hatte, stand Josef Bartuschek im zweiten Verkaufsraum und nahm nach und nach neun Spaten, sieben Schippen der unterschiedlichsten Ausführung und vier Spitzhacken aus dem Regal und verstaute sie in der hintersten Ecke des Lagergebäudes nebenan hinter Säcken mit Torf, Dünger und Blumenerde. Wer auch immer noch nicht für eine Schatzsuche ausgerüstet war, bei ihm würde er jedenfalls keine Werkzeuge dafür bekommen. Aber er musste nun zügig arbeiten, wenn er sich die lästige Konkurrenz vom Hals halten wollte. Heute Abend wollte er bei den „Drei Eichen“ beginnen.

Pünktlich um sechs Uhr schloss er den Laden ab, verstaute die Einnahmen im Wandsafe und machte sich auf den Weg. Spaten und Hacke hatte er schon im Kofferraum seines Autos verstaut. Um nicht aufzufallen, fuhr er nur bis zur Abzweigung nach Dreisbach, stellte den Wagen in einem Waldweg ab und schlug sich gleich in die Büsche. Er legte die etwa einen Kilometer lange Strecke bis zu den „Drei Eichen“ querfeldein am Waldrand zurück, um nicht auf dem Weg von irgendeinem Spaziergänger oder Jogger gesehen zu werden. Am Zielort angekommen, sah er sich erst einmal ratlos um. Wo sollte er graben? Er schritt um die Baumgruppe herum zum Weiher. Zwischen Eichen und Ufer sah er einen Haufen frischer Erde. Hier hatte der Unbekannte wohl angefangen. Bartuschek zuckte mit den Schultern, legte den Spaten ab und begann mit der Spitzhacke das Loch zu vergrößern, das der andere begonnen hatte.

Als Josef Bartuschek im Dämmerlicht des Morgens aufwachte, war seine Kleidung taufeucht, und er meinte, sämtliche Knochen zu spüren. Das Loch, mit dessen Verbreiterung er am Abend begonnen hatte, war nun bedeutend größer, aber in klingender Münze hatte sich der Arbeitseifer nicht ausgezahlt. Während einer Pause war er dann eingeschlafen. Unter schmerzlichem Ächzen stand er langsam auf, nahm seine Werkzeuge und trottete zu seinem Wagen zurück. Es war fünf Uhr morgens, als Bartuschek enttäuscht die Rückfahrt antrat.

Fast zur gleichen Zeit begann Werner Schnorr, der sich von der anderen Seite her über den „Alten Bahnhof“ dem Tal genähert hatte, seine Schicht – diesmal ohne Maxl – und eröffnete ein neues Grabungsfeld in unmittelbarer Nähe des Loches, mit dem in der Nacht Bartuschek beschäftigt gewesen war.

In den nächsten Tagen registrierten Spaziergänger, Jogger und Radfahrer an zahlreichen markanten Punkten rund um den Ort frische Löcher, die alle in den Abendstunden des jeweiligen Vortages oder in den frühen Morgenstunden entstanden sein mussten. Denn beim Graben dieser Löcher war niemand in flagranti erwischt worden.

Das änderte sich am fünften Tag, nachdem Werner Schnorr den seltsamen Unbekannten gesehen hatte. Wieder hatte sich Josef Bartuschek um drei Uhr morgens nach vier Stunden Schlaf leise aus dem Bett gequält, um seine Frau nicht zu wecken, hatte sich Arbeitsklamotten angezogen und war in den Wald gefahren. Der anfangs noch fahle Lichtschein des Morgens hatte sich mittlerweile verstärkt, man konnte die Umrisse von Büschen und Bäumen schon gut erkennen. Die Vögel begannen zu zwitschern, und die Feuchtigkeit der Bachaue hatte sich zu ein paar kleineren Nebelschwaden verdichtet. Aber für romantische Blicke auf die Natur hatte Bartuschek keinen Sinn. Seine Augen taxierten die Umgebung nur danach, wo hier jemand auf die Idee gekommen sein könnte, etwas Wertvolles zu vergraben. Die Frage, warum jemand auf so eine absurde Idee gekommen sein könnte, stellte er sich nicht. Noch weniger wäre er bereit gewesen, sie zu beantworten.

Gleichzeitig mit dem Knall des Schusses schlugen ihm Holzsplitter ins Gesicht, die die Kugel in der Fichte neben ihm losgesprengt hatte. Bartuschek zuckte zusammen und sah sich erschrocken um. Ein zweiter Schuss ließ direkt vor seinen Sicherheitsschuhen Moosfetzen und Erde aufspritzen. Das war kein Versehen eines unvorsichtigen Jägers mehr. Das galt ihm.

Bartuschek machte ruckartig kehrt und rannte los. Ein dritter Schuss knallte, und die Kugel schlug kaum einen halben Meter neben ihm in einen umgestürzten Fichtenstamm. Er ließ in Panik Hacke und Spaten fallen und hetzte davon. Erst am Waldparkplatz, nicht weit vom Ortsrand entfernt, gönnte er sich eine kurze Pause. Der Atem pfiff aus seiner Lunge. Mit zitternden Fingern angelte er den Autoschlüssel aus seiner Jackentasche, stieg ein und raste, immer noch von Todesangst getrieben, davon.

Als Bartuschek in Panik flüchtete, trat ein Mann mit grüner Lodenjacke und Jägerhütchen hinter einem Baum hervor, warf das Jagdgewehr über die Schulter und sah dem Flüchtenden nach, wobei er aber darauf achtete, immer von einem Haselgebüsch verdeckt zu sein, falls Bartuschek sich noch einmal umdrehen würde.

Der Schütze in der grünen Lodenjacke zeigte ein boshaftes Zucken der Mundwinkel. „Goldgräber, euch werd ich helfen!“ sagte Heinrich Schneider und schlich sich dann durch die kleine Fichtenschonung zum Waldweg am Mühlberg, wo sein Wagen stand. Schon vor einigen Tagen war ihm diese dämliche Graberei an allen möglichen Orten aufgefallen. Sie störte ihn gewaltig, denn sie erzeugte Aufmerksamkeit. Und Aufmerksamkeit war das Letzte, was die Schneiders in der jetzigen Situation brauchten. Bartuschek würde sicherlich für einige Zeit seine Schatzsuche einstellen. Aber was war mit den anderen Dummköpfen? Heinrich konnte ja schließlich nicht den ganzen Tag durch die Wälder und Täler schleichen, um irgendwen mit Warnschüssen zu vertreiben. Es musste etwas geschehen. Sie mussten endlich diese verdammten Papiere bekommen.

Während Heinrich Schneider in Grübeleien versunken zu seinem Wagen ging, schlug Sandra Fischer in der nur knapp drei Kilometer entfernten Jagdhütte der Schneiders ein neues Kapitel der Verunsicherung auf.

25. Die Erpressung

Das Messer knirschte. Sandra Fischer brachte keinen Bissen runter und sah mit wachsender Abneigung, mit welcher Selbstgefälligkeit Roland, in einen ziemlich bunten Kimono gehüllt, das frisch aufgebackene Brötchen zerteilte, die Hälften dick mit Butter und Marmelade bestrich und mit Appetit hineinbiss, während sie gerade mal den Kaffee hinunter bekam.

Es war eine wunderbare Nacht in der Jagdhütte gewesen. Roland hatte sich am Freitagvormittag von seiner Kanzlei aus zu Hause mal wieder mit Wahlkampfvorbereitungen in Wiesbaden abgemeldet. „Wenn es sehr spät wird, bleib ich gleich über Nacht dort!“ hatte er Susanne gesagt. Und so trafen sie sich am späten Nachmittag in der Hütte, die Rolands Vater vor ein paar Jahren gekauft hatte und die nicht weit entfernt von seinem Revier am Mühlberg stand. Sie gehörte damals zur Konkursmasse der „Neuhoffnungshütte“ und hatte neben einem Mini-Bad mit Dusche auch einen Wohn-Koch-Bereich und ein kleines Schlafzimmer.

Eigentlich war es Sandra dort, mitten im Wald, immer etwas unheimlich, obwohl in der Nähe der Gemeindeverbindungsweg zwischen Sinn und dem zur Nachbargemeinde Ehringshausen gehörenden Ortsteil Dreisbach vorbeiführte und dieser Ort nur knapp einen Kilometer entfernt lag. Aber die Einsamkeit war eben auch der Sicherheit förderlich, bei ihren nicht immer geräuscharmen Liebesspielen nicht entdeckt zu werden. Und wenn man frühmorgens leise genug auf die kleine Terrasse trat, konnte man in der vom Amstelbach durchflossenen Talwiese Rehe oder Wildschweine und manchmal sogar einen Fuchs beobachten.

Um keinen Verdacht bei Frau Kranich, einer Mitarbeiterin der Kanzlei, zu erregen, hatte sich Sandra Fischer schon eine Stunde nach der Mittagspause ins Wochenende verabschiedet. Überstunden abbauen. Nach ein paar Einkäufen im Supermarkt für ihr Abendessen und Frühstück und einem Zwischenstopp in ihrer kleinen Altbauwohnung in der Herborner Innenstadt, wo sie noch einige Sachen für die Nacht einpackte, hatte sie sich auf den Weg gemacht. Unterwegs zur Hütte wunderte sie sich, dass Frau Kranich bisher noch nichts von ihrem Verhältnis mit Roland Schneider gemerkt hatte. Sie hatten zwar immer peinlich darauf geachtet, im Büro keinen Verdacht zu erregen. Aber man konnte schließlich nicht an alles denken. Einmal hatte sie Roland nach Büroschluss auf der Couchgarnitur in der Ecke des Büros ...

Es waren wilde und hemmungslose Überstunden an jenem Abend. Jedoch nicht ganz ungefährlich. Denn Frau Kranich neigte ebenfalls dazu, Überstunden zu machen. Allerdings solche, die sich im Staub von Aktenordnern und Schriftstücken abspielten.

Magdalena Kranich war Mitte vierzig, wäre aber mit ihrem asketischen Gesicht, dem strengen Blick und mit ihren unvermeidlichen dunklen Hosenanzügen oder den hochgeschlossenen Kleidern auch gut für zehn Jahre mehr durchgegangen. Sie war ledig und hatte wohl auch keinen Freund, weil sie zwar immer von ihrem Pudel erzählte, aber nie von einem Mann. Da zu Hause niemand auf sie wartete, blieb sie oft länger im Büro. Schlimmer noch: Manchmal machte sie zwar am späten Nachmittag Schluss, kam aber abends noch mal für ein paar Stunden wieder.

Gott sei Dank nicht an jenem Abend, als sie es ziemlich lautstark auf der Couch trieben. Trotzdem: Sandra fragte sich manchmal, ob die Kranich nicht doch irgendwann mal was mitbekommen hatte. Nun, in der Hütte waren sie vor dem Entdecktwerden jedenfalls ziemlich sicher. Aber, so hatte Sandra entschieden, diese Nacht sollte die Abschiedsvorstellung werden.

Sie trank noch einen Schluck Kaffee aus ihrer Tasse, atmete leise durch und sammelte Kräfte für den Schritt, den sie jetzt gehen wollte, und der ihr alles an Selbstbeherrschung abverlangen würde. „Wir sollten die Sache beenden“, stieß sie plötzlich hervor.

Roland Schneider schreckte aus seinen Gedanken an die vergangene Nacht auf und verschluckte sich beinahe an einem Bissen seines Frühstücksbrötchens. „Was?“ fragte er in einem Ton des Unverständnisses, während er versuchte, den Bissen von der Luftröhre weg in Richtung Speiseröhre zu dirigieren.

„Wir sollten die Sache, unser Verhältnis ...“, Sandra machte eine kurze Pause und suchte nach einer passenden Bezeichnung. „Wie willst du es nennen? Ich will jedenfalls, dass wir es beenden.“

Roland Schneider schien verletzt. Ungläubig den Kopf wiegend, sah er sie an. Dass er irgendwann einmal gesagt hätte: „Schluss, aus, Ende!“ – Ja. Aber dass ihm Sandra ihre Beziehung vor die Füße warf, war nicht Bestandteil seines Weltbildes gewesen.

„Sandra, warum?“ kam seine verblüffte Frage, während er das Brötchenstück runterwürgte.

„Warum? Das fragst du? Ich bin dieses ewige Versteckspiel leid. Du wirst dich nicht von deiner Frau trennen!“

Roland zuckte verwirrt mit den Schultern. „Aber das wusstest du von Anfang an. Ich habe dir nie etwas vorgemacht. Ich habe immer mit offenen Karten gespielt.“

Sandra lächelte zynisch. Wie selbstgefällig Männer doch sein konnten. Er hatte wohl wirklich geglaubt, ihr könnte es auf Dauer reichen, dass er hin und wieder einmal mit ihr ins Bett steigen würde, um ansonsten den treuen Familienvater zu mimen. „Nein, nie. Anfangs hat mir das auch gereicht.“

„Anfangs?“

„Anfangs! Jetzt nicht mehr.“

„Aber ...“

„Deswegen werden wir es beenden. Du kannst gerade jetzt keinen Skandal gebrauchen. Schon deshalb kann es so nicht weitergehen. Also machen wir Schluss.“

Roland unternahm einen weiteren Versuch, sie umzustimmen: „Sandra ...“

„Aber du brauchst dir keine Gedanken zu machen. Ich werde über unser Verhältnis schweigen. Vorausgesetzt ...“

Roland hörte eine Alarmglocke schrillen. Sein feines, durch langjährige politische Erfahrungen geprägtes Gefühl für Fallen oder drohendes Unheil machte sich bemerkbar. „Vorausgesetzt?“ fragte er, und sein Blick nahm einen lauernden Ausdruck an. Wollte sie Geld? Natürlich wollte sie Geld. Was sonst? Würde sie sich mit einer Einmalzahlung zufrieden geben oder immer wieder neue Beträge verlangen?

Sandra sah ihn direkt an. „Ich erwarte dafür natürlich eine Gegenleistung“, sagte sie mit ruhiger, aber fester Stimme.

Roland schluckte. „Wie viel?“

Sandra lachte kurz auf. Natürlich, das sah ihm ähnlich. Er rechnete wohl schon im Kopf aus, wie viel es ihn kosten könne, sie mundtot zu machen. Wahrscheinlich mit der Bedingung verbunden, sie solle gänzlich aus seinem Leben und damit aus der Gegend verschwinden. Aber so einfach würde das nicht werden. Sie wollte ein größeres Stück vom Kuchen. „Du meinst Geld? Nein!“ lehnte sie ab.

„Was denn?“

Sandra betonte jedes Wort ihrer kurzen Antwort. „Ich will eine leitende Position in der Schneider Maschinenbau GmbH!“

Jetzt war Roland wirklich verblüfft. Was sollte dieser Unsinn? „Was?“

Sandra setzte nach. „Als Leiterin der Marketingabteilung.“

Jetzt war es Roland, der sich trotz der unangenehmen Situation ein ironisches Schmunzeln nicht verkneifen konnte. „Erstens gibt es eine solche Abteilung nicht ...“

„Dann schon!“ unterbrach ihn Sandra.

„Und zweitens bin nicht ich, sondern mein Bruder Geschäftsführer. Ganz abgesehen davon, dass mein Vater immer noch ziemlich viel zu sagen hat.“

„Dann mach deinen Einfluss in der Familie geltend“, zischte Sandra.

Roland schüttelte ungläubig den Kopf. „Der Preis scheint mir etwas zu hoch.“

Sandra erwiderte kalt: „Kaum, wenn man das unangenehme Missgeschick deines Vaters noch dazurechnet.“

Roland Schneider war sprachlos. Was meinte sie nun schon wieder? Von der Sache von damals konnte sie doch gar nichts wissen. Oder doch? Er schluckte und rang nach Fassung. „Was soll das heißen?“ stieß er schließlich hervor.

„Für eine leitende Position würde ich über die alte Geschichte schweigen, für die sich Manuela Dornberg sicher sehr interessiert.

Roland Schneider sank in sich zusammen. Sie wusste es. Verdammt noch mal, wie hatte sie davon erfahren? Hatten sich denn plötzlich alle gegen ihn verschworen, jetzt, so kurz vor seinem Ziel? Nur mühsam brachte er die Frage heraus: „Woher weißt du das?“

Sandra stand auf, nahm ihre Handtasche und ihre Jacke. Sie sah ihn erneut direkt an und brachte tatsächlich einen kalten und entschlossenen Blick zustande, obwohl ihr eigentlich hundeelend war, und sie glaubte, ihre Beine müssten jeden Moment unter ihr wegknicken. „Überleg es dir!“

Mit diesen Worten verließ sie die Jagdhütte und ließ einen für Minuten zu jeder Bewegung unfähigen Roland Schneider zurück. Draußen beeilte sie sich, zu ihrem Wagen zu kommen, bevor sich Roland von seinem Schreck erholt hatte und ihr folgen würde, um sie möglicherweise zum Bleiben zu überreden. Mit der Fernbedienung entriegelte sie schon aus zehn Metern Entfernung die Türschlösser des roten Zweisitzers, warf Handtasche und Jacke auf den Beifahrersitz, zwängte sich hinter das Lenkrad – sie hatte in der Erwartung eines angekündigten nächtlichen Regenschauers gestern Abend noch das Verdeck zugeklappt – startete den Wagen und verließ den kleinen Hof vor der Hütte. Kurz vor dem Einbiegen auf den Gemeindeverbindungsweg schaute sie noch einmal in den Rückspiegel. Von Roland war nichts zu sehen.

Der hatte sich inzwischen von seinem Schreck erholt, der ihn tatsächlich für Minuten in Hilflosigkeit hatte erstarren lassen. Dann sprang er auf, rannte ins Schlafzimmer und zog sich in aller Eile Hemd und Hose über. Sandra aufhalten, war sein einziger Gedanke. Im Flur schlüpfte er in seine Schuhe und hastete dann nochmals ins Schlafzimmer. In der obersten Schublade seines Nachttischschränkchens hatte er eine kleine Pistole versteckt. Nur zur Sicherheit. Schließlich stand die Jagdhütte ziemlich einsam am Waldrand. Bis zum Ortsrand von Dreisbach einen Kilometer Wald, Wiesen und Felder. Man konnte nie wissen, welche Gestalten hier unverhofft auftauchten, während er mit Sandra ...

Sandra aufhalten! Der Gedanke hatte sich in seinem Hirn festgesetzt. Er lud die Pistole durch, schnappte sich seine Jacke und stürmte aus der Hütte, deren Tür mit einem lauten Knall ins Schloss fiel. Die Minuten der Erstarrung hatten keineswegs zu einer rationalen Einschätzung der Situation geführt. Er fühlte Panik, während er in sein Auto stieg und losbrauste. Die Waffe hatte er in seine rechte Jackentasche geschoben.

Obwohl es gerade erst kurz nach neun Uhr war, hatte die Sonne die Luft schon ziemlich aufgewärmt. Aber der Schweiß, der Roland Schneider auf der Stirn stand, der unter seinen Achseln hervor- und der von seinem Nacken über den Rücken hinunterlief, wurde nicht durch die sommerlichen Temperaturen hervorgerufen. Roland Schneider war in kaltem Schweiß gebadet. Sein Puls hatte sich merklich beschleunigt, und auch sein Atem ging in kurzen Stößen. Diese verdammte Geschichte mit seinem Vater! Was wusste Sandra? Wie war sie zu diesem Wissen gelangt? Wie konnte sie ihn so verraten? Zur Angst, so kurz vor dem großen Ziel zu scheitern, gesellte sich jetzt Wut. Instinktiv hatte er die Pistole eingesteckt. Vielleicht einfach nur, um einer Drohung mehr Nachdruck zu verleihen.

Langsam kochte ein gefährliches Gemisch aus Angst, Enttäuschung und Hass in ihm hoch. Roland Schneider war jähzornig veranlagt. Schon als Kind hatte er auf gegensätzliche Meinungen seiner Spielkameraden zunächst mit beleidigter Miene und dann schließlich mit Wutausbrüchen reagiert. Dieses Verhalten hatte ihm unter den Gleichaltrigen natürlich nur wenig Sympathien verschafft. Er hatte sich im Laufe der Zeit zwar gemäßigt. Aber dennoch: Widerspruch war für ihn ein rotes Tuch. Dann äußerte sich sein Ärger über die Kritiker oder den politischen Gegner oft in menschlich verletzender Gegenrede. Roland Schneider war trotz seiner nach außen hin gerne gezeigten Jovialität ein Mensch, der auch zu verbalen Tiefschlägen und boshaften Tritten unter die Gürtellinie neigte. Er fühlte eine ungeheure und gefährliche Wut, während er den Waldweg entlangschoss, dass die Reifen seines Wagens Staub und Steinchen in einer dichten Wolke nach hinten wirbelten.

Sandra Fischer war inzwischen auf der schmalen Straße weitergerast, allerdings nur bis auf die kleine Anhöhe, den „Dreisbacher Sattel“. Ihr Fahrverhalten konnte man nur mit „halsbrecherisch“ beschreiben, denn der Verbindungsweg war zwar geteert, hatte aber nicht nur aufgrund seiner zahlreichen Kurven eine Vierzig-Stundenkilometer-Beschränkung. Bei Gegenverkehr kamen zwei Fahrzeuge nur aneinander vorbei, wenn sie auf den unbefestigten Seitenstreifen auswichen. Zum Glück für Sandra Fischer gab es jedoch auf dem halben Kilometer zum Sattel keinen Gegenverkehr.

Ein kurzer Blick in den Rückspiegel überzeugte sie davon, dass Roland noch immer nicht hinter ihr her war. Würde er sie überhaupt verfolgen? Egal, sie wollte auf Nummer sicher gehen. Kurz vor dem Sattel trat sie so plötzlich auf die Bremse, dass der Zweisitzer mit quietschenden Reifen beinahe an der Abzweigung vorbeigeschlittert wäre. Sie riss das Lenkrad nach rechts, und der Wagen taumelte auf die Betonstraße, die in zahlreichen Serpentinen hinauf zur Müncheiche am Rennweg führte. Dann bog sie hinter dem kleinen Parkplatz, der gerne von Ausflüglern als Start- und Zielpunkt für Wanderungen genutzt wurde, nach links auf den nächsten Waldweg ab, brachte den Wagen zum Stehen und schaltete den Motor aus.

Ihr Herz schlug bis zum Hals, während sie zwischen den Büschen und Bäumen hindurch den Gemeindeverbindungsweg beobachtete. Es dauerte ungefähr fünf Minuten, da sah sie den silbermetallicfarbenen BMW Rolands vorbeirasen. Sie atmete tief durch, kramte eine Zigarette aus ihrer Handtasche und betätigte den Anzünder. Nach etwa vier Minuten hatte sie sich ein wenig beruhigt, und die Zigarette war aufgeraucht. Sie startete den Motor und fuhr wieder auf den Verbindungsweg, der vom Sattel aus in einer leichten Rechtskurve hundert Meter abwärts und dann scharf links in Richtung Sinn führte.

Langsam fiel die Anspannung von ihr ab und machte sich in Tränen bemerkbar, die ihr die Wangen hinunterrollten. Sie zitterte am ganzen Körper. Eine Zigarette, noch eine. Das Nikotin würde sie vielleicht beruhigen. Sie kramte mit der rechten Hand in ihrem Täschchen nach der Schachtel. Während sie sich mühsam auf die Straße konzentrierte, wanderten ihre Finger zwischen den Gegenständen in der Handtasche umher, bis sie endlich auf die Schachtel stieß und eine Zigarette herausfingern konnte. Sie drückte den Anzünder rein. Klack, machte es nach ein paar Sekunden. Sie zog den Anzünder heraus, hatte ihn aber nicht richtig gefasst, so dass er ihr entglitt, auf den Boden fiel und dann unter den Sitz rollte. Scheiße! dachte sie und fingerte wieder in der Handtasche nach dem Feuerzeug herum. Die Straße war leer, und das gab ihr ein gefährliches Gefühl von Sicherheit. Sie sah zur Tasche, kramte weiter, ohne das Feuerzeug zu finden. Das konnte sie auch nicht, denn es lag noch in der Küche der Jagdhütte, wo sie es benutzt hatte, um den kleinen Gasherd in Gang zu setzen, auf dem sie morgens das Kaffeewasser erhitzt und die Frühstücksbrötchen aufgebacken hatte.

Die langgezogene Linkskurve unterhalb der beiden Fischweiher bei der Abzweigung nach Kölschhausen nahm für sie schneller ein Ende, als sie bei der nervösen Suche nach dem Feuerzeug wahrhaben wollte. Nicht zuletzt deshalb, weil sie in der angespannten Situation das Gaspedal stärker durchtrat, als ihr bewusst war. Sie sah wieder hoch und registrierte die Rechtskurve in Höhe des Holzlagerplatzes, die nun folgte.

Als Kurt Herbst am Nachmittag im Herborner Friedrich-Zimmer-Krankenhaus von einem Polizeibeamten zum Unfallhergang befragt wurde, konnte er nicht viel sagen, denn gesehen hatte er eigentlich nichts. Nur gespürt. „Da war off einmal so n furchtbar laute Krach. Dann hat sich de Anhänger hinne quer gestellt. Dann is die Zuchmaschin umgekippt. Un ich bin off die Wies' gefloche. Un dann war ich erst e ma weg“, konnte der Beamte protokollieren.

Sandra Fischer hatte ihren Wagen noch abfangen können. Doch am Ende der Kurve tauchte plötzlich Kurt Herbsts Gespann vor ihr auf, ein Traktor und ein mit Heuballen vollgeladener Anhänger. Ein Ausweichen war nicht mehr möglich, eine Vollbremsung ebenso wenig. Sandra Fischers Zweisitzer krachte mit knapp siebzig Stundenkilometern in den Anhänger. Da sie nicht angeschnallt war, schlug sie mit voller Wucht mit dem Kopf durch die zersplitternde Frontscheibe gegen die Radaufhängung des Anhängers. Auslaufendes Benzin entzündete sich wahrscheinlich am heißen Katalysator, so dass der Wagen in Flammen aufging und völlig ausbrannte.

Kurt Herbst wurde von seinem Bock auf die Wiese neben dem Gemeindeverbindungsweg geschleudert und zog sich eine Gehirnerschütterung, einen gebrochenen Arm, zwei angeknackste Wirbel und etliche Blutergüsse zu.

Sandra Fischer war sofort tot.

26. Wendungen

Roland Schneider hatte den Sattel überquert und raste, so wie es ihm die Straßenverhältnisse gestatteten, Richtung Sinn. Es war die kürzeste Verbindung nach Herborn. Dahin würde Sandra sicher fahren, in ihre Wohnung, mutmaßte er. In der scharfen Linkskurve unterhalb des Sattels registrierte er im Vorbeifahren und eher unbewusst Kurt Herbst auf seinem Traktor, der von rechts aus dem oberen Stippbachtal kam, wo er die große Waldwiese bewirtschaftete.

Jetzt kam eine offene Strecke bis zu den beiden Fischweihern am Kölschhäuser Abzweig. Dann musste er wieder in die Eisen steigen, weil eine scharfe Rechtskurve kam, der eine langgezogene Linkskurve bis zum Holzlagerplatz folgte. Hier konnte er wieder aufs Gas treten. Seine Ungeduld stieg dennoch. Immer noch nichts von Sandra zu sehen. Natürlich, sie würde sich auch keine Mühe geben, Zeit zu verlieren. Wieder eine Rechts-Links-Kurve. Er näherte sich schon dem Ortseingang von Sinn. Plötzlich sah er kurz hinter dem Tretbecken von rechts zwischen den Büschen etwas rot-metallisches im Sonnenlicht blinken. Sandras Wagen, schoss es ihm durch den Kopf. Hatte sie angehalten, um sich die Sache noch einmal zu überlegen? War sie zur Vernunft gekommen?

Er bremste scharf, kam kurz hinter dem abzweigenden Waldweg zum Stehen und stieg aus. Dabei schlug die rechte Seite seines Sakkos gegen seine Hüfte. In diesem Moment fiel ihm die Waffe ein, die er in einem Anfall geistiger Umnebelung eingesteckt haben musste. Wie hatte er nur denken können, die Sache so lösen zu können? Mord gehörte mit über neunzig Prozent zu den Kapitalverbrechen mit der höchsten Aufklärungsrate, weil der Täter oder die Täterin meist im näheren Umfeld des Opfers zu finden waren. Wer hatte ein Motiv? Rache, Bereicherung, Erpressung oder Eifersucht? Wenn die Polizei nachzuforschen begann, würde sie irgendwann unweigerlich auf ihn kommen. So perfekt war ein Mord nicht zu vertuschen. Irgendwo würde eine Faser, ein Haar, ein Schweiß- oder Blutfleck, Speichel, Sperma oder Hautpartikel der Anfang der Spur sein, an deren Ende sie mit seinem genetischen Fingerabdruck übereinstimmte. Irgendwann würde die Polizei auf sein über das Berufliche hinausgehende Verhältnis mit Sandra Fischer kommen. Die Geliebte eines aufstrebenden Landespolitikers, eines Saubermannes in der Öffentlichkeit! „Wusste sie irgendetwas?“ würde die Polizei fragen.

Wie hatte er nur so dämlich sein können, diese verfluchte Pistole einzustecken? Er griff in die Sakkotasche und sicherte die Waffe. Sandra war wohl zur Vernunft gekommen, und er gewann in diesem Gefühl seine alte Sicherheit wieder. Natürlich war sie zur Vernunft gekommen. Warum sonst sollte sie da vorne geparkt haben, an einer Stelle, an der er vorbeikommen und sie sehen würde? Sie hatte angehalten und auf ihn gewartet, um mit ihm zu reden.

Er ging näher heran. Das Murmeln des Baches wurde lauter. In dem sicheren Gefühl, dass sich die leidige Angelegenheit vernünftig regeln lassen würde, fragte er sich gar nicht, warum Sandra ihren Wagen so weit zwischen die Büsche bugsiert hatte, dass man ihn eigentlich gar nicht vom Weg aus wahrnehmen konnte, sondern nur durch Zufall, weil die Sonne gerade so stand, dass ihre Strahlen ein Stückchen rotes Blech aufblitzen ließen. „Sandra, lass uns doch noch einmal ...“, setzte Roland Schneider an, als er an einem dichten Haselnussstrauch vorbeischauen konnte und am Bach eine Bewegung wahrnahm, die ja nur von Sandra kommen konnte. Erstaunt hielt er inne. Vor ihm stand nicht Sandra, sondern ein Mann: Josef Bartuschek, der vor Schreck über die unerwartete Anrede Spitzhacke und Spaten ins Wasser fallen ließ. Langsam drehte sich der Kaufmann um, darauf gefasst, in den Lauf eines Gewehres oder einer Pistole zu blicken. Roland Schneider hatte zwar eine Waffe in der Tasche, stand jedoch mindestens ebenso sprachlos vor Bartuschek wie dieser vor ihm.

Bartuschek pumpte zweimal heftig Luft in seinen Lungen und platzte dann hervor: „Herr Schneider, haben Sie mich jetzt erschreckt, was wollen Sie?“

Roland Schneider, immer noch verblüfft, stotterte: „Nichts, nichts, ich wollte ... es war eine Verwechslung!“ Dann fiel sein Blick auf die Werkzeuge, und ihm war mit einem Schlag klar, was Bartuschek hier getrieben hatte. Sein Vater hatte ihm von dem Zwischenfall im Wald erzählt, als er Bartuschek mit seinem Jagdgewehr ein paar Mal vor die Füße geknallt hatte, um ihn von weiteren Grabungen abzuhalten. Anscheinend hatten die Warnschüsse keinen nachhaltigen Eindruck hinterlassen. Was sucht dieser Idiot hier bloß? fragte sich Roland und realisierte dabei gar nicht, dass er selbst vor ein paar Tagen diese Graberei ausgelöst hatte.

„Was machen Sie hier?“ fragte er, um den Anschein der Unkenntnis zu wahren.

Bartuschek druckste herum, suchte nach einem plausiblen Grund, einer Erklärung, die nicht lautete: Ich grabe hier nach Gold. „Ich, ja, also, ich hab, ich hab nur die Werkzeuge da im Bach gereinigt“, stammelte er.

Und als wäre dies das Vernünftigste, was ein Mensch um diese Uhrzeit hier machen könnte, setzte Roland Schneider ein joviales Lächeln auf, nickte und sagte: „Ach so, ja klar. Also, nochmals Entschuldigung, dass ich sie erschreckt habe. Auf Wiedersehen!“

„Auf Wiedersehen!" grüßte Bartuschek zurück und sah Roland Schneider nach, der wieder einstieg und davonfuhr. Während der Kaufmann die gesäuberten Werkzeuge in den offenen Kofferraum legte, dann zum Pinkeln hinter das Haselnussgebüsch ging und Werner Schnorr, der die Szene von den nahen Fichten aus beobachtet hatte, die Werkzeuge heimlich wieder herausholte, dafür aber sein Häckchen und Schippchen zurückließ und dann Fersengeld gab, überlegte Roland Schneider, wie man diesen Grabungswahnsinn stoppen könnte, unter dem mittlerweile etliche Leute im Ort litten.

Er würde am Montag mit Olaf reden. Der musste irgendwie einschreiten. Das Gebiet hier gehörte zwar zur Nachbargemeinde, aber schließlich wurde es seit zwei Jahren vom Forstamt Driedorf verwaltet und vorher vom Forstamt Herborn. Und in der Stadt Herborn war sein Parteifreund Olaf Bürgermeister. Der hatte für den Forst zwar keine Weisungsbefugnis, aber immerhin Einfluss. Roland Schneider hätte sich der Zuständigkeit halber auch an den Sinner Bürgermeister wenden können. Aber der war nicht sein Parteifreund.

Jetzt war es zunächst einmal wichtiger, mit Sandra zu reden. Durch den überflüssigen Aufenthalt bei Bartuschek hatte er jede Chance eingebüßt, sie noch einholen zu können. Nach ein paar hundert Metern fuhr er an die Schieferhalde heran und griff zum Handy. Er wählte Sandras Mobilfunknummer. Es meldete sich nur die Mailbox. Zu Hause konnte sie noch nicht sein. Aber da würde sie jetzt bestimmt hinfahren. Also steuerte er Richtung Sinn, um über die B277 in die Herborner Altstadt zu ihrer Wohnung zu fahren.

Die Martinshörner von drei Fahrzeugen der Freiwilligen Feuerwehr Sinn registrierte er nicht. Sie war mittlerweile von einem Dreisbacher, der zum Einkaufen nach Sinn fahren wollte und während Rolands Intermezzo mit Bartuschek die Unfallstelle erreichte, über die Notrufnummer alarmiert worden.

Kurz vor Herborn sah Roland ein Polizeiauto, zwei Rettungswagen und einen Notarztwagen mit Blaulicht und Martinshorn über die B277 Richtung Sinn fahren. Was da wohl wieder passiert ist? dachte er. Aber Roland Schneider hatte jetzt andere Sorgen und fuhr weiter.

Was passiert war, hätte er am nächsten Tag im Lokalteil der Sonntagszeitung lesen können: „29-jährige Frau tödlich verunglückt", lautete die Überschrift des Artikels, der den mutmaßlichen Hergang des Unfalls

– denn Näheres würde erst ein Sachverständiger sagen können – schilderte. Ergänzt war der Bericht mit einem Photo, das den völlig demolierten und ausgebrannten Sportwagen Sandra Fischers auf der Wiese zeigte, während Kurt Herbsts Gespann halb auf der Straße, halb im Graben lag. Neben dem Pkw-Wrack lag Sandra Fischer, deren Körper allerdings schon mit einer Plane abgedeckt war.

Aber Roland Schneider las es nicht, weil an diesem Morgen Werner Schnorr auf seinem etwas abgekürzten Gang mit Maxl an der Schneiderschen Villa vorbeigekommen war, nachdem kurz zuvor Tina Häuser, die mit Zeitungsaustragen ihr schmales Taschengeld aufbesserte, die Sonntagsausgabe in den Briefkasten gesteckt hatte. Schnorr hatte die Zeitung einfach heimlich wieder rausgeholt und mit nach Hause genommen. Dort studierte er während des gesamten Vormittags das große und kleine Geschehen auf der Welt, während seine Mutter sich über die Angebotsblättchen der Supermärkte und Discounter hermachte.

Roland Schneider hatte Sandra auch in ihrer Wohnung nicht angetroffen. Über das gesamte Wochenende versuchte er, sie auf dem Handy oder übers Festnetz zu erreichen. Vergeblich. Die Mailbox teilte ihm zweisprachig mit, dass der Angerufene derzeit nicht „available“ ist, und ein Anrufbeantworter vertröstete ihn auf später oder auf die Möglichkeit eine Nachricht nach dem Piepston zu hinterlassen. Das hatte er schon dreimal getan, ohne Erfolg. War sie kurz entschlossen irgendwo hingefahren? Er musste sich bis Montag gedulden. Dann musste sie ja wieder ins Büro kommen.

Die Nacht auf Montag brachte er fast kein Auge zu, fiel allenfalls in einen kurzen, dösigen Schlaf, erwachte aber immer wieder schweißgebadet. Schon zeitig machte er sich auf den Weg in die Kanzlei. Vielleicht würde Sandra heute Morgen früher da sein, um ihm alles zu erklären, um mit ihm zu reden, bevor der übliche Bürobetrieb losging. Aber er war der Erste, der die Räume am Kornmarkt betrat. Aus der nahegelegenen Bäckerei hatte er sich zwei belegte Brötchen und einen großen Becher Kaffee mitgebracht und frühstückte erst einmal. Appetit hatte er zwar eher nicht, aber sein Magen verlangte nach Tätigkeit.

Es war kurz nach sieben. Spätestens um halb acht würde Frau Kranich kommen, frischen Kaffee aufsetzen, ihr kleines Frühstück auf dem Schreibtisch ausbreiten und erst einmal die Zeitung durchforsten, ehe sie sich wieder in den Staub der Aktenordner stürzte.

Um halb acht hörte Roland Schneider, wie Frau Kranich die Büroräume betrat, ihre Handtasche und die Jacke ablegte, Kaffee aufsetzte, zwei mit Käse belegte Körnerbrötchen auf einen Teller legte, sich hinter ihren Schreibtisch setzte und Kaffee einschenkte, ohne Milch und Zucker, und die Zeitung in die Hand nahm. Da Frau Kranich prinzipiell hinten begann, dort, wo die Todesanzeigen stehen, dauerte es nur wenige Sekunden, bis ihr kurzer Aufschrei zu hören war, ein Geräusch, das Roland Schneider an ihr völlig unbekannt war und das ihn deshalb heftig zusammenzucken ließ.

Dann wieder ein Aufschrei, diesmal verhaltener, als ob sie sich mit einer Hand vor Schreck den Mund zuhalten würde. Er sprang auf und rannte ins Vorzimmer, was zu einem weiteren Aufschrei von Frau Kranich führte, die noch gar nicht bemerkt hatte, dass er schon da war. Sie sah ihn nur mit weit aufgerissenen Augen an und versuchte, etwas zu sagen.

„Frau Kranich, was ist denn? Soll ich Ihnen ein Glas Wasser holen?“ fragte Roland Schneider.

Sie holte tief Luft, brachte aber trotzdem keinen Ton heraus. Sie reichte ihm die Zeitung und deutete auf eine Todesanzeige. Zuerst begriff er gar nicht richtig. Er las und las noch mal, ehe ihm das Verständnis dämmerte. „Durch einen tragischen Verkehrsunfall wurde unsere liebe Tochter, Schwester, Enkelin und Tante Alexandra Fischer für uns alle unfassbar aus dem Leben gerissen.“

Sandra tot. Durch einen Verkehrsunfall. Er las weiter. Unter ihrem Namen standen Geburts- und Todesdatum. Samstag. Es war am Samstag. Roland Schneider fiel die Karawane von Rettungsfahrzeugen ein, die ihm auf der Bundesstraße entgegengekommen und mit hoher Geschwindigkeit in Richtung Sinn gefahren war. Sandra war verunglückt. Tödlich verunglückt.

„Herr Schneider, Frau Fischer ...“, setzte Frau Kranich an, doch die Tränen erstickten den Satz, und sie kramte in ihrer Handtasche nach einem Taschentuch.

„Mein Gott, tot“, ließ sich Roland Schneider hören. Im ersten Moment war er tatsächlich geschockt gewesen. Doch dieser Zustand wandelte sich langsam in ein anderes Gefühl. Das jedoch wollte er Frau Kranich gegenüber natürlich nicht zeigen. „Ein Verkehrsunfall. Aber wo?“ fragte er mit fassungsloser Miene.

„Auf dieser schmalen Verbindungsstraße zwischen Dreisbach und Sinn", sagte Frau Kranich bestimmt. „Haben Sie das denn gestern nicht in der Zeitung gelesen?"

„Nein, wir haben gestern keine Zeitung bekommen. Wahrscheinlich hat sie wieder irgendein Schnorrer aus dem Briefkasten geklaut."

„Es stand in der Zeitung", berichtete Frau Kranich. „Ich hab's gesehen und überhaupt nicht geschaltet. Eine junge Frau von 29 Jahren in einem Sportwagen. Das Bild neben dem Artikel zeigte einen völlig ausgebrannten Wagen. Und neben dem Wagen lag ..." Hier brach Frau Kranichs Stimme wieder ab.

„Mein Gott, ich kann's nicht glauben", stammelte Roland Schneider in ihr Schluchzen.

Nach ein paar Augenblicken hatte sie sich wieder gefasst und fuhr fort: „Weil der Wagen so verbrannt war, hab ich ihn gar nicht erkannt und auch das Alter der Frau nicht mit Frau Fischer in Verbindung gebracht. Aber als ich dann die Todesanzeige sah ..." Wieder verfiel sie in ein Schluchzen.

Roland Schneider entschied: „Wir sollten eine Todesanzeige von der Kanzlei aufgeben. Frau Kranich, bitte kümmern Sie sich darum!"

Frau Kranich, nun mit klaren Anweisungen versehen, richtete sich auf: „Ja, Herr Schneider, natürlich, ich kümmere mich um alles."

Roland Schneider drehte sich um und ging wieder in sein Büro. Frau Kranich fragte hinter ihm her: „Einen Kranz?"

Er überlegte kurz. „Ja, einen Kranz", entschied er.

Dann schloss er die Tür zu seinem Büro, setzte sich hinter seinen Schreibtisch und lehnte sich zurück. In seinen Mundwinkeln spielte ein zufriedenes Lächeln. Sandra Schneider hatte ihren Verrat schon bezahlt. Es gab einen Mitwisser weniger.

27. Der Bestechungsversuch

Goldrausch in Herborn und Sinn. Bürgermeister Lindner verurteilt „Grabungsterrorismus" im Stadtwald. Biebersheim (jlg). Vor knapp 100 Jahren machten sich tausende Männer und Frauen aus aller Welt auf, um über den Chilcoot-Pass ins gelobte Land zu gelangen und an Klondike und Yukon das Glück zu finden. Ihre einzige Motivation: Gold. Jetzt scheint Herborn und Sinn das Gleiche bevorzustehen wie dem einstmals traurigen Provinznest Dawson City: Der Goldrausch. Seit Tagen gewahrt man in der Umgebung, und vor allem im Wald, seltsame Gestalten, die mit Spaten, Schippe und Spitzhacke bewaffnet an allen möglichen Stellen Löcher graben, in der Hoffnung, den Stein der Weisen zu finden. Herborns Bürgermeister Dr. Olaf Lindner, von dieser Zeitung zu den mysteriösen Vorgängen befragt, verurteilt die Aktionen: „Das ist Grabungs-Terrorismus. Dem werden wir nicht weiter tatenlos zuschauen."

Roland Schneider kochte innerlich. Nachdem er die Todesanzeige für Sandra noch einmal gelesen hatte, war er im Lokalteil auf den „Goldrausch"-Bericht gestoßen. Nicht nur, dass der Schreiber des Artikels zwischen den Zeilen durchblicken ließ, wie gerne er sich über diese dämlichen Provinzler lustig machte. Der Artikel würde die Aufmerksamkeit noch mehr auf die Region ziehen. Womöglich kämen jetzt auch noch Idioten aus der Umgebung zur Schatzsuche. Er musste sofort mit Olaf reden. Das konnte so nicht weitergehen.

Eine halbe Stunde später saß er bei Dr. Lindner im Büro, der ebenfalls ziemlich empört war. „Ja, Roland, also da sind wir uns einig. Gegen diese Vandalen muss etwas unternommen werden. Ich hab schon mit der Forstbehörde und dem Kollegen in Sinn gesprochen. Wir werden das jetzt rigoros verfolgen."

„Ich dachte, ich sehe nicht richtig, als ich heute Morgen die Zeitung aufgeschlagen habe. Fette Überschrift: ‚Goldrausch in Herborn und Sinn'. Der Schreiber zieht uns doch voll durch den Kakao."

Auch Dr. Lindner war keineswegs zum Lachen zumute über die launige Berichterstattung. „Eine Schweinerei? So ein Blödsinn. Diese Schreiberlinge bauschen alles gleich zu einer Sensation auf. Goldfieber! Ich möchte bloß wissen, welcher Idiot den Anfang mit dieser Graberei gemacht hat?"

Roland hüstelte und lenkte das Gespräch sogleich in eine andere Richtung. „Wie kam die Zeitung überhaupt auf diese Geschichte? Die haben doch bei dir angefragt."

„Das hab ich den Redakteur, diesen Lang, auch gefragt. Irgendjemand hatte ihnen einen Tipp gegeben. Mehr wollte er dazu nicht sagen. Er sprach mich am Freitagabend nach der Bauausschusssitzung darauf an. Irgendetwas musste ich ihm ja sagen."

Roland Schneider stand auf. „Klar. Wichtig ist jedenfalls, dass ihr da jetzt konsequent einschreitet."

Lindner begleitete ihn zur Tür. „Das werden wir mit allen uns gegebenen Möglichkeiten auch tun. Aber ich kann natürlich keine Verordnung erlassen, die es Menschen verbietet, mit Hacke und Spaten durch den Wald zu laufen. Da kann ich nur versuchen, an die Forstbehörde zu appellieren. Im Endeffekt müssen wir da schon jemanden auf frischer Tat ertappen."

„Verständlich", nickte Roland Schneider und wollte sich gerade verabschieden, als auf der anderen Seite des Flures eine Tür aufging und Manuela Dornberg mit einer Akte unter dem Arm aus dem Büro herauskam.

Dr. Lindners Blick heiterte sich sofort auf. „Ah, Frau Dornberg! Darf ich Sie mit unserem Spitzenkandidaten bekannt machen? Roland Schneider. Manuela Dornberg, unsere Jugendpflegerin."

Schneider gab Manuela die Hand und begrüßte sie mit einem herzlichen „Guten Morgen, Frau Dornberg!"

„Guten Morgen", setzte Manuela an, als aus dem Vorzimmer des Bürgermeisters der Ruf kam: „Herr Dr. Lindner, die Forstbehörde!"

„Oh, ja, ich komme sofort. Sie entschuldigen mich bitte. Auf Wiedersehen", verabschiedete sich der sichtlich gestresste Bürgermeister und ließ die beiden in leichter Verlegenheit auf dem Flur zurück. Schneider ergriff als Erster das Wort.

„Ja, Olaf, ich meine Dr. Lindner, hat mir schon viel Positives über Sie erzählt."

Manuela war auf der Hut. Was würde jetzt kommen? „Oh, danke. Ich versuche mein Bestes."

Schneider legte etwas mehr Begeisterung in seine Stimme. „Also wie Sie die Kanu-Aktion kürzlich organisiert haben ... Fabelhaft. Schade, dass es so traurig enden musste."

Manuela fühlte sich unangenehm berührt, was ihr Gegenüber aber nicht bemerkte, da er seine Wirkung auf Frauen so hoch einschätzte, dass ihm nie der Gedanke kam, jemand könne nicht an einem Gespräch mit ihm interessiert sein.

„Ja, schade", antwortete Manuela mit leichter Ironie in der Stimme.

Schneider war erfreut. Was für ein glücklicher Zufall bei all den Missgeschicken der vergangenen Tage, hier auf die Dornberg zu treffen.

Jetzt wollte er zu dem Punkt kommen, der in die Wege leiten sollte, die Sache mit seinem Vater aus der Welt zu schaffen. Oder besser: Weiter unter dem Mantel des Schweigens zu halten.

„Aber ist das für Sie hier in der Provinz nicht etwas öde?"

„Ich weiß nicht, was Sie meinen."

„Na, eine Frau mit ihren Fähigkeiten. Jung, ehrgeizig, Sie haben studiert, sind bei den jungen Leuten beliebt, Sie haben Ideen, Initiative. Was Sie hier in den paar Monaten schon alles angestoßen haben. Zieht es Sie nicht nach mehr als nur zur Jugendpflegerin in Herborn?"

Manuela konnte sich noch keinen rechten Reim auf diese Schmeichelei machen: „Doch, schon, aber ..."

„Ich könnte jemanden wie Sie in meiner Mannschaft gebrauchen."

Jetzt war sie ehrlich erstaunt: „In die Landespolitik gehen?"

„Warum nicht? Jugendpolitik ist Familienpolitik, eines meiner wichtigsten Anliegen, auch wenn ich als neuer Innenminister im Gespräch bin. Aber das sind ja auch zwei Politikfelder, die eng miteinander verbunden sind. Denken Sie mal an Jugendkriminalität und wie man ihr begegnen und sogar vorbeugen könnte: Durch eine bessere Familienpolitik, ja, gerade durch Projekte, wie Sie sie hier anbieten. Diese Aktivitäten müsste man bündeln und in ein Aktionsprogramm packen. Also, das wäre doch was für Sie!"

Manuela war sprachlos. Roland Schneiders Partei war nicht gerade dafür bekannt, der Kriminalität vorbeugenden Programmen wie der Jugendhilfe das Wort zu reden. Eher schärferen Gesetzen und härteren Strafen. Anscheinend hatte er Kreide gefressen.

„Also, überlegen Sie es sich! Hier, meine Karte. Sie können mich anrufen. Jederzeit. Tschüss!"

Mit einem jovialen Lächeln verabschiedete sich Roland Schneider und war sich sicher, einen guten Fang gemacht zu haben. Das war ihm im Laufe des Gesprächs umso deutlicher geworden, als er Manuela Dornberg jetzt zum ersten Mal richtig wahrgenommen hatte. Sie hatte wie Sandra Fischer hellblonde Haare, die im Gegensatz zu Sandras schulterlangen Locken bis auf den Rücken reichten und zu einer sportlichen Figur gehörten, die all das erkennen ließ, was Roland Schneider mit dem Begriff „weiblich" in Zusammenhang brachte: einen knackigen Hintern und volle Brüste. Schon von daher hielt er es für einen Gewinn, wenn Manuela Dornberg zu seinem Team stoßen würde.

28. Das Duell

Im Schatten eines Eichenbestandes saßen Manuela und Reiner im weichen Moos auf einer Erhöhung, an deren Fuß die Dill ihre Mäander durch das Tal zog. Sie waren kurz nach Manuelas seltsamem Gespräch mit Roland Schneider aufgebrochen und hatten eine Wanderroute ausgekundschaftet, auf der Manuela am nächsten Freitag eine Gruppe Kinder durch den Wald führen wollte, um sie mit dessen Pflanzen und Lebewesen vertraut zu machen. Dabei sollte ihr die Forstverwaltung hilfreich zur Seite stehen. Ziel der Wanderung war eine Schutzhütte mitten im Wald an der Ortsgrenze zu Sinn, die sie an diesem Morgen aufgesucht hatten, um sich mit dem Revierförster zu treffen und die Sache zu besprechen.

Bernd Berger war ein paar Jahre älter als Manuela und hatte schon einige Male an Schulen und in Kindergärten Waldprojekte begleitet. Wichtige Utensilien dabei waren etliche ausgestopfte Tiere wie Vögel, Füchse, Dachse und Mäuse. Die sollten nun auch bei Manuelas Aktion in der Nähe der Waldhütte im Gelände platziert werden, um für die Kinder in ihrer ureigenen Umgebung wahrnehmbar zu sein. Grillwürstchen und Stockbrot sollten dann den kulinarischen Abschluss bilden.

Manuela und Reiner trafen Berger in einer Stimmung an, die man nur mit Mühe als ausgeglichen bezeichnen konnte. „Diese verdammten Idioten“, raunzte er nach eine kurzen Begrüßung, „graben mir hier den halben Wald um. Überall Löcher. Ohne Sinn, ohne Verstand. Irgendwo mitten in der Pampa. Was suchen diese Dummköpfe? Gold? Blödsinn! Und jetzt hängt mir auch noch die Stadtverwaltung in den Ohren. Ich soll diesen Unsinn rigoros unterbinden. Ja, womit denn? Alles wurde gekürzt. Finanzmittel, Mitarbeiter ... Dafür aber die Reviere vergrößern. Heute graben sie hier, morgen ganz woanders. Ich kann doch nicht überall sein.“ Berger war jetzt so richtig in Fahrt. Endlich konnte er mal jemandem sein Leid klagen, und Manuela und Reiner hörten wenigstens zu.

„Vielleicht sind das Leute, die irgendwelche Überbleibsel aus dem Zweiten Weltkrieg suchen. Bombenreste, Munition, was weiß ich“, rätselte Reiner.

„Ach was. Die Leute, die so was suchen, die kenn ich. Die trifft man manchmal mit ihren Metalldetektoren mitten im Wald oder im Gelände. Aber wer gräbt denn bitteschön mit Hacke und Spaten nach Munition oder Bomben? Da ist doch die Gefahr viel zu groß, dass man dabei in die Luft fliegt." Dann lenkte er aber auf das eigentliche Thema des Treffens.

Nach einer halben Stunde war alles besprochen, und Manuela und Reiner machten sich auf den Rückweg. Der führte auch über eine Erhöhung über dem Dilltal, wo sie ihre Mittagsrast halten wollten. Hier, unter den hohen Eichen, hatte man auf einem Felsvorsprung einen schönen Ausblick auf die Burg Greifenstein, die Höhen des Westerwaldes und Herborns „Skyline", die Hochhäuser unterhalb der Autobahn. Aber der Platz war nicht einfach zu erreichen. Entweder musste man von der Bundesstraße aus mühsam den steilen Berg ersteigen oder hinter dem Wingert vom regulären Waldweg abweichen und einen steinigen Hang hinunterklettern. Vielen war das zu gefährlich: Ein Ausrutscher, und man erlebte den freien Fall zum Fuß des gut vierzig Meter hohen Berges. Wer diese Strapazen aber auf sich nahm, wurde mit einem herrlichen Ausblick belohnt.

Manuela und Reiner hatten es sich auf dem weichen Waldboden gemütlich gemacht und ließen sich belegte Brötchen und Tee schmecken, die sie in ihren Rucksäcken mitgenommen hatten. Die Sonne schien warm und verbreitete bei Reiner in Verbindung mit dem Mittagsimbiss ein wohliges Gefühl von Zufriedenheit. Er legte sich auf die Seite und stützte den Kopf in die linke Hand, während er Manuelas Profil betrachtete. Plötzlich hatte er Lust, sie hier zu lieben, unter den Eichen im Moos, über das sie eine kleine Decke ausgebreitet hatten. Die Stelle war einsam. Kaum jemand würde es bei dieser Hitze auf sich nehmen, hierher zu laufen. Warum auch? Es war Montagmittag, und die meisten Leute waren beim Arbeiten, Einkaufen oder Essen. Niemand würde sie hier stören. Gerade als er mit den Fingern seiner rechten Hand den Saum ihres T-Shirts anpeilte, zerschnitt Manuela die Ruhe mit der Bemerkung: „Es war ganz klar Bestechung! Er will mich kaufen."

Reiner, aus den schönsten Träumen gerissen, schnaubte: „Pfff, du in der Landespolitik?"

Das war allerdings ein Ton, den Manuela an ihm nicht mochte. Warum sollte sie da nicht mitmischen können? Wenn man bedachte, welche gescheiterten Persönlichkeiten und Dilettanten schon mit Posten in Regierungen versorgt wurden, nur weil sie das richtige Parteibuch hatten ... „Kannst du dir das etwa nicht vorstellen?“ fragte sie etwas beleidigt.

Reiner grinste. „Doch, doch, aber nicht für Roland Schneider und sein Team.“

Manuela nickte heftig. „Nee, ganz bestimmt nicht! Herrgott noch mal, was ist da los? Was wusste Karl, oder was hatte er, von dem keiner erfahren darf? Wovor hat diese saubere Familie Angst?“

Reiner schüttelte den Kopf, griff sich einen Apfel aus dem Rucksack und biss hinein. „Ich hab nicht den blassesten Schimmer“, nuschelte er.

„Vielleicht haben wir etwas übersehen?“

„Aber wir haben doch alles durchsucht. Vielleicht hat ja der Kerl, der dich niedergeschlagen hat, irgendwas gefunden.“

Manuela versank wieder in Nachdenken. Sie ließ noch einmal den Abend in Karls Haus Revue passieren. Wie war das noch mal? Sie hatte die Haustür aufgeschlossen und war in den Flur getreten, dann zum Wohnzimmer geschlichen, hatte den Lichtschalter betätigt und sich schon Heinrich Schneiders überraschtes Gesicht ausgemalt. Aber es blieb dunkel, und plötzlich spürte sie diesen Schlag am Kopf, der sie für Minuten ausschaltete. Als sie wieder zu sich kam, war Reiner da, und das Wohnzimmer machte einen ziemlich verwüsteten Eindruck. Schubladen und Schränke standen offen, auf dem Boden lagen alle möglichen Sachen verstreut herum. Manuela durchzuckte es. Das Wohnzimmer zeigte Spuren einer Durchsuchung. Das Dachbodenzimmer jedoch war in einem aufgeräumten Zustand. Hier war der Einbrecher anscheinend noch nicht gewesen. Hatte er es übersehen, oder war er einfach noch nicht soweit gekommen? Ja, vielleicht hatte er es tatsächlich nicht bemerkt. Manuela wusste von dem Zimmer. Aber ein Unbekannter konnte leicht die von der Wand nur bei genauem Hinsehen zu unterscheidende Tür übersehen haben. Das Zimmer war nicht sehr groß. Bei einem flüchtigen Blick oder im Halbdunkel konnte ein mit dem Speicher nicht Vertrauter leicht annehmen, vor der Außenwand zu stehen, zumal der Giebel auf dieser Seite auch kein Dachfenster hatte.

Ja, so könnte es gewesen sein. Der Unbekannte hatte das Dachbodenversteck gar nicht bemerkt, hatte nur den vorderen Teil des Speichers untersucht und die übrigen Räume. Mit Erfolg? Wahrscheinlich nicht, denn, so Manuelas feste Überzeugung, dahinter mussten die Schneiders stecken. Wenn die fündig geworden wären, hätte Roland Schneider wohl kaum versucht, sie mit einem tollen Posten zu locken. Was vor ein paar Tagen nur ein Gedanke gewesen war, verdichtete sich jetzt zu einer festen Überzeugung: Die Bücher! Manuela drehte sich zu Reiner. „Die alten Bücher! Vielleicht steckt in den Büchern irgendwas?"

Reiners Blick drückte Skepsis aus. „Was soll denn das sein?"

„Vielleicht ein Papier, ein Schriftstück, ich weiß es nicht. Ich werd heute Abend noch einmal auf Karls Dachboden steigen. Kommst du mit?"

„Vor zehn bin ich heute Abend nicht zurück." Er schaute sie an und mahnte: „Sei bitte vorsichtig! Vielleicht war das vor ein paar Tagen nur irgendein Einbrecher. Aber wenn du richtig liegst, und die Schneiders dahinter stecken, dann ist die Sache wirklich gefährlich. Wenn der Kerl nicht gefunden hat, wonach er gesucht hat, dann kommt der sicher wieder. Vielleicht solltest du warten, bis ich zurück bin."

Davon war Manuela nicht begeistert. Warten, bis Reiner spätabends zurückkommen würde? Er hatte sich für heute einen freien Tag genommen, wollte aber nachmittags noch einen Kollegen besuchen, der ihn zu seiner Geburtstagsfeier eingeladen hatte. Da die Partner nicht mit eingeladen waren, musste sich Manuela auch keine Ausrede einfallen lassen, warum sie nicht mitkam. Reiner hatte eigentlich auch keine Lust, wollte seinen Kollegen aber auch nicht vor den Kopf stoßen. Also hatte er zugesagt. „Ja", entgegnete Manuela auf Reiners Warnung, „vielleicht hast du recht. Aber wir treffen uns dann um zehn vor Karls Haus. Vielleicht bin ich auch schon drin, wenn du kommst."

Natürlich würde sie schon drin sein, selbst wenn er bereits um halb zehn am Treffpunkt wäre, dachte Reiner. Manuela war nicht der Typ, der sich so einfach Angst einjagen ließ. Nun wäre sie auf Überraschungen auch besser vorbereitet. Er nahm sich vor, den Geburtstagsfeierbesuch auf das Minimum an Höflichkeit zu reduzieren. „Riskier nichts! Sei bitte vorsichtig! Ich liebe dich!" warnte er noch einmal, und aus seinem Blick las sie, dass er wirklich Angst um sie hatte.

Manuela lächelte zurück. „Ich liebe dich auch."

Der folgende Kuss löste bei Reiner wieder dieses wunderbare Gefühl aus, sie hier und jetzt lieben zu wollen, aber als er ihr T-Shirt hochschob, wich sie, mehr überrascht als böse, zurück. „Bist du verrückt, wenn uns hier jemand sieht?"

Er grinste. „Wer sollte uns hier sehen? Höchstens könnte man dich unten im Tal hören. Hier stört uns niemand.“

Damit irrte sich Reiner allerdings, denn aus südwestlicher Richtung näherte sich der Kaufmann Josef Bartuschek mit einem Spaten über der Schulter dem Fuß des Berges, während aus nordöstlicher Richtung der mit einer Hacke und einem Spaten bewaffnete Werner Schnorr den Trampelpfad entlangkam. Wie Bartuschek hatte er sich erinnert, dass Karl Kroner des Öfteren oben auf der Höhe gesessen und in die Ferne geschaut hatte. Außerdem gab es in den Felsen viele kleine Spalten und Löcher, die ein phantasiebegabter Mensch auch als klassische Schatzverstecke bezeichnen würde. Vielleicht, so mutmaßten beide für sich, hatte Karl dort seine Geld- oder Goldkiste versteckt. Da sich der Trampelpfad in der Mitte der Anhöhe um einen kleinen Felsvorsprung herumzog, konnten sich die beiden Gegenspieler erst bemerken, als sie direkt an der Felsecke aufeinander trafen. Zunächst standen sich die beiden überrascht gegenüber, gelähmt vor Schreck, plötzlich dem anderen zu begegnen. Bartuschek war der Erste, der sich äußerte. „Ah!“ stieß er hervor.

Werner Schnorr fiel dazu nur ein verlegenes „Moin!“ ein.

Diese eher hilflose, aber in der augenblicklichen Situation provokante Begrüßung, setzte in Bartuschek eine gefährliche Portion Adrenalin frei. „Du verdammter Lump, du hast mir beim Pinkeln Hacke und Schippe geklaut, du Saukerl“, schrie er Schnorr an.

Der wollte sich aber keineswegs beleidigen lassen und giftete zurück: „Weil du mir keine verkaufen wolltest, du Arschloch!“

„Ich kann mein Zeug verkaufen, wem ich will, du Drecksack“, schimpfte Bartuschek weiter.

Werner Schnorr, jetzt ernstlich sauer und damit in einem Zustand, der ihm bei rationalen Entscheidungen wenig förderlich war, schleuderte seinem Gegenüber mit dem wütenden Ausruf „Da hast du deinen Scheißdreck!“ das Werkzeug vor die Füße, wobei die Spitze der Hacke nur knapp Bartuscheks linken Fuß verfehlte und der Spaten gegen dessen linkes Knie donnerte. Das wertete der Kaufmann als tätlichen Angriff und holte nun seinerseits aus. „Ich schlag dich tot“, schrie er, und der Spaten sauste Richtung Werner Schnorrs Oberkörper. Der konnte gerade noch ausweichen, schlug aber dabei ungebremst gegen die Eiche neben dem Pfad (was ihm zwei Tage heftige Schmerzen in der linken Schulter verursachte), während sich rechts von ihm die scharfe Seite des Spatens in den weichen Waldboden grub. Damit war Bartuschek zunächst im Hintertreffen, und Schnorr nutzte die günstige Gelegenheit, dem Gegner kräftig gegen das rechte Schienbein zu treten, was Bartuschek zusammensacken ließ. Schnorr tänzelte in Muhammad-Ali-Manier einen Moment unentschlossen vor Bartuschek hin und her, bereit, ihm einen weiteren Schlag zu versetzen, suchte dann aber lieber doch das Weite, als er sah, dass sein Gegner wehrlos war.

Man konnte im Allgemeinen über Werner Schnorr denken, was man wollte. Aber bei den Raufereien seiner Kinder- und Jugendzeit hatte immer das Gebot gegolten: Wer am Boden liegt, auf den tritt man nicht noch. Dieses Gebot der Fairness hatte er verinnerlicht und als eisenharter Verteidiger während seiner fußballerischen Laufbahn jederzeit beachtet. Werner Schnorr war, ohne mit der Wimper zu zucken, in der Lage gewesen, einen deutlich schnelleren Gegenspieler „über die Klinge springen zu lassen". Aber er hätte nie den sich am Boden vor Schmerzen krümmenden Gegner noch zusätzlich gequält, indem er ihm beim Aufhelfen auf den Fuß trat und die 18er-Alustollen kraftvoll in das Leder des Fußballstiefels drückte. Nein, Werner Schnorr deutete durch einen freundschaftlichen Klaps auf die Schulter des unfreiwillig Gestrauchelten an, das alles nicht persönlich gemeint war. Dazu zählte übrigens auch Werners typische Unschuldsgeste gegenüber dem Schiedsrichter: Noch während der ausgehebelte Gegenspieler in der Flugphase war, schnellten schon Werners Arme nach oben, um anzuzeigen, dass er mit der Schwerelosigkeit seines Kontrahenten überhaupt nichts zu tun hatte. Obwohl natürlich sein Eisenfuß einen entscheidenden Anteil gehabt hatte. Solchermaßen mit dem Gebot der Fairness sozialisiert, verzichtete Werner Schnorr auch im aktuellen Fall darauf, gegen den um einige Jahre älteren und am Boden liegenden Kaufmann nachzutreten und suchte lieber das Weite.

Bartuschek raffte sich mühsam wieder auf, schrie dem Flüchtenden ein „Dich erwisch ich schon noch, du Drecksack!" hinterher, sammelte sein Werkzeug ein und hinkte von der Walstatt. Die Lust, einen Claim abzustecken, war ihm erst einmal vergangen.

Der aggressive Dialog der beiden Goldgräber hatte Manuela und Reiner aus ihrer erotischen Versunkenheit gerissen. Ohne selbst gesehen zu werden, hatten sie den zunächst verbalen Zweikampf unter ihnen zwischen den Zweigen hindurch beobachtet und mitgehört. Als die Duellanten tatsächlich auch noch die Waffen gegeneinander erhoben, war Reiner drauf und dran gewesen, sich einzumischen. Aber bevor er die gerade erst heruntergelassene Hose wieder geordnet hatte, war der Spuk auch schon vorbei. Er kicherte. „Genau wie am Klondike 1898. Nur das Faustrecht zählte."

Auch Manuela musste lachen. „Von wegen hier sieht uns keiner. Stell dir mal vor, einer von denen wäre tatsächlich hier raufgeklettert und hätte uns mitten ..."

„Aber jetzt sind sie weg und wir allein", unterbrach sie Reiner und nahm sie wieder in seine Arme.

4. Teil

Die Falle

29. Der Hengst

Das war eine Neuigkeit, dachte Roland Schneider. Susanne würde staunen. Er hatte Frau Kranich für den Nachmittag frei gegeben und die Kanzlei gegen vier geschlossen: „Wegen eines Trauerfalls“. Das fiel ihm umso leichter, als am Nachmittag keine Termine anstanden und er sich ohnehin in noch nicht aufgearbeitete Akten hätte vertiefen müssen. Da war es ihm lieber, Susanne über die neue Entwicklung zu informieren.

Es war eine seltsame Stimmung, in der er nach Hause fuhr. Einerseits hatte sich das Problem Sandra Fischer schnell von selbst erledigt. Aber immer mehr zeigte sich, dass die Ursache der Schneiderschen Schwierigkeiten nicht gelöst war. Wie hatte Sandra von der Sache mit seinem Vater erfahren können? Es war klar, die Zeit drängte. Sie mussten endlich diese Papiere finden, die den Alten belasteten. Aber bisher waren alle Aktionen fehlgeschlagen: Susannes Einschüchterung gegenüber Manuela Dornberg und Gerhards Idee, die Papiere mithilfe eines Kriminellen in ihren Besitz zu bringen. Sein eigener Versuch, Manuela auf seine Seite zu ziehen, war zwar noch zu frisch, um ihn einschätzen zu können, aber zumindest hatte sie nicht sehr euphorisch darauf reagiert.

Dieser Hansi Brinkmann, dachte Roland Schneider, während er mit seinem Wagen ins Wohngebiet einbog, war ja nun wirklich keine Leuchte und schien mehr auf Muskelkraft zu vertrauen als auf die Kraft des Geistes. Gut, dass sie nichts mehr mit ihm zu tun hatten. Sie mussten diese Papiere finden, bevor sie von jemand anderem entdeckt wurden. Nicht auszudenken, wenn sie einem dieser Idioten in die Hände fielen, die auf der Suche nach einem vermeintlichen Schatz den Wald durchpflügten.

Roland Schneider fuhr in die Straße, in der sein Haus stand und stellte den Wagen in der Einfahrt ab. Da es wieder ein schöner Sonnentag war, ging er gleich hinten herum zur Terrasse, die allerdings leer war. Und dann hörte er durch die offene Tür aus dem Wohnzimmer dieses merkwürdige Geräusch. Er wusste bis zur Erschöpfung, wie es klingt, wenn eine Frau von Wellen der Lust durchzuckt wird.

Caro! dachte er, dieses Biest hat sich einen Porno besorgt und lümmelt sich jetzt auf der Couch vor dem Fernseher.

Aber als er die Gardine der Terrassentür leicht zurückzog, sah er, dass sich nicht Caro auf der Couch lümmelte, sondern Susanne, deren

Kopf über die linke Seite hinausragte, während ihre Beine gespreizt über der Rückenlehne standen. Vor ihr lümmelte – ja er war es tatsächlich – Hansi Brinkmann in schnellen, rhythmischen Vorwärts-Rückwärts-Bewegungen. Die anfangs nur sporadisch unter seinem Haaransatz hervorquellenden Schweißtropfen hatten sich mittlerweile deltaförmig über Schläfen und Nase abwärts bewegt und bildeten unterhalb des Halses einen Fluss, der sich irgendwo zwischen den beiden Körpern verlor. Hansis halb geöffnete Augen waren starr auf Susannes Brüste gerichtet, was Roland Schneider aber nicht definitiv hätte beweisen können, weil sich dieser Teil des Szenarios wegen der Rückenlehne der Couch seiner Einsicht entzog. Aber auch so wusste er, woran er war. Susanne besaß die Unverfrorenheit, ihn zu betrügen. Und dann auch noch mit diesem kriminellen Proleten. Trotz seiner Wut fiel Roland Schneider nichts Besseres ein, als ein lautes „Guten Tag“ in den Raum hineinzurufen.

Ruckartig erschien Hansis Kopf über der Rückenlehne, dann der von Susanne. Während Hansis Unterkiefer vor Überraschung in kurzen unregelmäßigen Zuckungen auf und ab klappte, war Susannes Blick schieres Entsetzen. „Roland, wieso bist du denn schon gekommen?“ stammelte sie mit weit aufgerissenen Augen.

Der unfreiwillig komische Ausruf weckte Hansi Brinkmanns Lebensgeister. Immer noch durch die Couch weitgehend verdeckt, entwickelte er unterhalb von Roland Schneiders Sichtachse eine bienenfleißige Aktivität, um seine Siebensachen einzusammeln und damit notdürftig seine Blöße zu bedecken. Er hielt es für geraten, so schnell wie möglich das Weite zu suchen, derweil Roland Schneider sich immer weiter der Couch näherte, die zunehmend weniger Schutz bot. Mittlerweile hatte Hansi auch alles beisammen, bis auf eine Socke, die er im Laufe seiner rhythmischen Aktivitäten unter die Couch verloren hatte. Er stand auf und stammelte verlegen: „Herr Schneider, ich wollte ...“

Roland zwang sich zur Ruhe. „Darf ich Sie jetzt bitten zu gehen?“

„Ich ... ich wollte ...“, setzte Hansi erneut an, denn tatsächlich hatte er eigentlich etwas loswerden wollen. Eine Idee, wie man das Schneidersche Problem lösen könnte. Ein guter Einfall, wie er dachte. Deshalb war er ja eigentlich gekommen. Aber dann hatte ihn Susanne Schneider wieder eingewickelt. Sie wusste schließlich von früher, wo man ihn anpacken musste. Damals, als sie noch zusammen zur Schule gingen, auf der Abschlussfahrt der Abiturklasse, hatte er sich seinen Spitznamen „Hengst" sauer und ehrlich verdient. Und Susanne ließ sich gerne von ihm verwöhnen. Aber nach ihrer gemeinsamen Schulzeit hatten sich ihre Wege getrennt. Der von Susanne ging, nachdem sie während ihres Jura-Studiums Roland Schneider kennengelernt hatte, ziemlich schnell nach oben, seiner in Etappen abwärts. Drogen, Kleinkriminalität, Gefängnis, Rückfälligkeit, dann der Absprung, nachgeholte Lehre und unerwartet der Job bei Schneider Maschinenbau. Und dann trafen sie sich plötzlich wieder. „Ich wollte ...", setzte er nochmals an.

Roland pumpte sich jetzt auf wie ein Maikäfer, seine angestaute Wut entlud sich mit einem Mal in dem Schrei: „Raus!!!"

Susanne, die immer noch in ziemlich unbedecktem Zustand geschockt und ratlos auf der Couch saß und ihren Mann anstarrte, zuckte zusammen. Hansi war endlich klar geworden, dass dies nicht der geeignete Zeitpunkt für Erklärungen nach dem Motto „Es ist nicht so, wie Sie denken" war. Er drückte sich durch die Lücke, die noch zwischen ihm und dem Hausherrn verblieben war, in den Flur, riss die Haustür auf, wobei ihm fast sein Kleiderpaket auf den Boden gefallen wäre, und eilte in den Garten Richtung Tor, wobei er hörte, wie Roland Schneider die Haustür hinter ihm ins Schloss pfefferte. Auweia, in Susannes Haut möchte ich jetzt nicht stecken, dachte er und musste beinahe darüber lachen. Das verkniff er sich aber lieber, denn schließlich war er immer noch splitterfasernackt. Schnell zog er Hose und T-Shirt über, während er sich nervös nach möglichen Zeugen der seltsamen Szene umsah. Aber durch die hohe Lebensbaumhecke am Grundstücksrand war er vor ungewollten Blicken geschützt. Er stopfte seine Unterhose in eine Seitentasche seiner Jeans, streifte schnell die wildledernen Cowboystiefel über, die er auch im Sommer jederzeit trug und sah zu, dass er das Schneidersche Anwesen so schnell wie möglich in seinen Rücken bekam, bevor es sich der Gehörnte noch mal anders überlegte.

Da er zunächst niemandem begegnen wollte, schlug er den Weg über eine kleine brachliegende Wiese zum Wald ein, um auf der anderen Seite des Hügels seine Wohnung aufzusuchen. Unterwegs kam er langsam auf andere Gedanken, aber sie waren keineswegs angenehm. Den Job in der Firma konnte er sich jetzt abschminken, dachte er. Gerhard Schneider würde ihn natürlich hochkant und fristlos rausschmeißen. Oder doch nicht? Warum sollte der Herr Landtagskandidat von der unangenehmen

Geschichte einem anderen erzählen, auch wenn es sein Bruder war? Andererseits hatte er, Hansi Brinkmann, es ja immer noch in der Hand, sich wieder beliebt zu machen. Dann nämlich, wenn er die Papiere finden oder zumindest nachweisen konnte, dass sie nicht mehr existieren konnten.

Was waren das für Papiere? Gab es sie überhaupt? Er hatte doch alles durchsucht. Selbst zwischen dem Gerümpel auf dem staubigen Dachboden hatte er gesucht. Überall Fehlanzeige. Keine Papiere. Wenn es sie tatsächlich gab, dann waren sie wahrscheinlich so gut im Haus versteckt, dass sie nur ... Seine Schlussfolgerung aus diesem Gedanken hatte er eigentlich eben bei Schneiders loswerden wollen, wo er Susanne allein vorgefunden hatte. Sie war zunächst überrascht, als sie die Haustür öffnete. Dann hatte sie ihn hereingebeten, ihm etwas zu trinken angeboten. Er lehnte zuerst ab, weil er Angst hatte, Roland Schneider oder gar der Alte könnten eine solche Vertraulichkeit krummnehmen. Aber nachdem ihm Susanne versichert hatte, dass Heinrich mit ein paar Freunden bis zum Einbruch der Dunkelheit beim Hochsitzbau sei, Roland immer erst nach sieben nach Hause komme und Caro zusammen mit ihrer Freundin Tina bis abends im Freibad bleiben wollte, hatte er angenommen.

Einen Whiskey. Wann trank er schon mal so was Edles. Bei seinem zweiten Glas saß Susanne schon neben ihm auf der Couch. Beim dritten legte sie ihre Hand auf die Innenseite seines Oberschenkels und fragte ihn, ob er seinem guten Ruf als Hengst immer noch gerecht werde? Als sie mit ihrer Hand langsam höher strich, merkte Hansi, dass die enge Jeans nun noch enger wurde. Dann ratschte der Reißverschluss, Susannes Hand verschwand in der schmalen Öffnung und beseitigte den letzten Rest seines Widerstandes.

Eine Viertelstunde später fand sich der Hengst auf dem Hof des Hauses wieder, wo er eilig seine Blöße bedeckte und sich aus dem Staub machte. Jetzt war Schadensbegrenzung angesagt, dachte er. Er hatte auch schon eine Idee, wie er die peinliche Situation von eben wieder halbwegs hinkriegen konnte. Diese Idee wollte er noch am selben Abend in die Tat umsetzen.

Während Roland Schneider Hansi hinauswarf, hatte sich Susanne schnell ein T-Shirt und die Shorts übergezogen. Noch immer aufgewühlt durch Rolands plötzliches Erscheinen, setzte sie sich auf die Couch, legte die Handflächen vor den Mund und atmete tief durch. Was würde jetzt kommen?

Zunächst einmal kam Roland herein. Nicht wütend, wie man es von einem Mann erwarten konnte, der seine Frau gerade mit einem anderen erwischt hatte. Roland Schneider hatte die Hände in den Taschen seiner Hose vergraben und schlenderte ganz gemächlich zur Terrassentür. Ohne Susanne eines Blickes zu würdigen, blieb er dort stehen und schaute in den Garten, während sie ihn ängstlich von der Seite her anblickte, in der Erwartung, er könnte jeden Moment losplatzen, sie anschreien, sie schlagen. „Roland“, setzte sie an.

Er unterbrach sie. „Seit wann?“

Susanne sah ihn überrascht an. „Was?“

„Seit wann geht das schon?“ wurde er deutlicher.

Susanne wusste, dass jetzt der schwierige Punkt überwunden war. Er würde nicht laut werden und sie erst recht nicht schlagen. Ihr altes Selbstbewusstsein meldete sich wieder. „Spielt das eine Rolle?“ fragte sie leicht patzig.

Roland starrte weiter in die Ferne. „Nein“, kam es nach ein paar Augenblicken. Und dann: „Eine saubere Familie: Meine Tochter spielt mit Drogen, mein Vater ist ein ...“ Er scheute sich, das Wort auszusprechen und fuhr fort: „Und mein Bruder engagiert einen Kriminellen, der das Ganze vertuschen helfen soll und mit dem mich meine eigene Frau betrügt. Eine saubere Familie!“

Susanne schaute ihn wieder an. Ihre Entgegnung kam jetzt schon wesentlich trotziger. „Und nicht zu vergessen: der ehrenwerte Familienvater, der ein Verhältnis mit seiner Sekretärin hat!“

Roland erwachte ruckartig aus seiner phlegmatischen Haltung, sein Kopf schnellte herum, und er sah sie überrascht an. „Was, das weißt du?“

Susanne winkte ab, nahm sich eine Zigarette aus dem Päckchen und zündete sie an. Sie inhalierte tief und blies den Rauch wieder aus. Wenn er jetzt nicht cholerisch reagierte, obwohl er es hasste, wenn sie im Haus rauchte, brauchte sie keine Befürchtungen mehr zu haben. „Schon seit zwei Monaten“, erwiderte sie und nahm einen weiteren Zug.

„Wie, woher?“

Sie grinste. „Als du Anfang April angeblich in Frankfurt warst, Wahlkampfvorbereitung, stand dein Wagen vor der Jagdhütte. Und ihrer auch.

Roland sah sie immer noch ungläubig an. „Und du hast nie etwas gesagt? Das versteh ich nicht.“

„Solange es unsere Pläne nicht störte!“ war Susannes kaltschnäuzige Antwort. Dann sah sie ihm in die Augen. „Ich bin doch nicht blöd, auch wenn ich meine Karriere für das nette Heimchen am Herd geopfert habe, damit du die intakte Familie nach außen kehren kannst. Ich will nicht nur die Gattin eines erfolgreichen Rechtsanwaltes und Unternehmersohnes sein. Ich will mehr. Und wir sind auf dem besten Weg dahin. Glaubst du, ich hätte nicht bemerkt, wie du Sandra Fischer manchmal angestarrt hast? Meinst du, ich wüsste nicht, dass sie genau dein Typ ist? Blond, schlank, tolle Figur und vor allem große Titten. Die Frage war nur, wie lange ich es dir noch gestatten konnte, dich mit deiner Sekretärin zu vergnügen, ohne Gefahr zu laufen, deine Karriere zu gefährden“, fuhr Susanne gleichmütig fort.

Roland Schneider war immer noch sprachlos. Ja, das war Susanne zuzutrauen. Und das war genau einer dieser Momente, in denen er sich ihr gegenüber klein und schwach fühlte. Für das große Ziel würde sie fast alles in Kauf nehmen. Sie war diejenige, die hinter ihm stand und ihn trieb. Sie trieb ihn, weil sie selbst eine Getriebene war. Eine Getriebene ihres schon manischen Ehrgeizes, auf alle anderen herabschauen zu können. So wie die anderen früher auf sie herabgeschaut hatten, als sie noch ein Kind war.

Er erinnerte sich: Ihr Vater schuftete in der Gießerei der Neuhoffnungshütte, ihre Mutter sorgte für den Haushalt, zog die beiden Töchter groß und verdiente etwas dazu, indem sie als Putzfrau arbeitete. Aber weil man auch ein Einfamilienhaus gebaut hatte, war bei Dörners immer Schmalhans Küchenmeister. Umso mehr, als ihre ältere Schwester schon das Gymnasium besuchte und später studieren sollte. Für Susanne würde es auch die Realschule tun und danach eine Lehre, dachten sich ihre Eltern. Eine Lehre vorzugsweise auf der „Hütt“, damit die Familientradition fortgesetzt würde, denn die Dörners arbeiteten seit Generationen auf der Neuhoffnungshütte. Weil das Verdiente geradeso zum Leben reichte, musste Susanne die Kleidung ihrer großen Schwester auftragen. So war sie in punkto Mode meist zwei, drei Jahre hinter ihren Klassenkameradinnen hinterher. Erschwerend kam hinzu, dass auch ihre große Schwester keine Markenfabrikate tragen konnte. Dafür reichte das Geld nicht. Erst recht nicht, als Vater Dörner – da war Susanne gerade zwölf – sich eines Tages über Schmerzen im Brustkorb beschwerte. Ein halbes Jahr später trugen sie ihn zu Grabe. Tja, sagten die Leute, der alte Dörner habe ja auch immer viel geraucht. Und dann die schwere Arbeit in der Gießerei, das sei ja auch nicht gesund. Das stecke nicht jeder weg. Susannes Vater wurde gerade mal 51 Jahre alt, und als er starb, brach für sie eine Welt zusammen. Aber so sehr sie damals am Boden lag, sie blieb nicht lange liegen. Sie stand auf. Der Tod ihres Vaters war für sie die Initialzündung, das bisherige Leben hinter sich lassen zu wollen. Mit einer Lehre auf der „Hütt“ war das nicht möglich. Und so klemmte sie sich hinters Lernen.

Da sie ohnehin keine engen Freundschaften unterhielt – die Hänseleien der Mitschüler wegen ihrer aufgetragenen Sachen waren vertrauten Beziehungen nicht förderlich – fiel es ihr leicht, auf das zu verzichten, was anderen Mädchen in ihrem Alter wichtig erschien. Während ihre Schulkameradinnen mit roten Ohren Dr. Sommers Sex-Ratschläge in der Bravo diskutierten oder kichernd über irgendwelche „so süßen“ Jungs quatschten, vergrub sie sich hinter ihren Schulbüchern und paukte den Stoff. Aus der mittelmäßigen Schülerin Susanne Dörner wurde innerhalb eines Jahres die Klassenbeste. Den Stolz der anderen auf Markenklamotten machte Susanne mit Wissen wett. Am Ende der Realschulzeit stand sie zwischen eins und zwei, und die Lehrer beschworen ihre Mutter, Susanne aufs Gymnasium zu schicken. „Die muss unbedingt ihr Abitur machen und studieren“, hieß es.

Susannes Mutter zuckte nur verlegen mit den Schultern. Wie sollen wir das bezahlen? schien ihr Blick zu fragen. Aber Susanne selbst war schon einen Schritt weiter. Sie finanzierte sich einfach weitgehend selbst. Morgens vor der Schule trug sie Zeitungen aus, und während andere in den Ferien faulenzten oder mit ihren Eltern in den Urlaub fuhren, suchte sie sich Aushilfsjobs und arbeitete mal am Band, mal im Büro, mal in einem Supermarkt oder in einer Kneipe. Die Ruhelosigkeit, der Stress, blieben nicht ohne Folgen. Mit einer ungeheuren Kraftanstrengung schloss sie ihr Abitur mit einer Zwei ab. Einen Tag nach der Abschlussfeier brach sie zusammen. Körperliche und geistige Überanstrengung, stellten die Ärzte fest. Burn-out-Syndrom, würde man ein paar Jahre später sagen. Es dauerte ein paar Wochen, bis sie wieder einigermaßen auf dem Damm war. Ihr Jura-Studium begann sie erst im Sommersemester des darauffolgenden Jahres.

Obwohl sie Emotionen normalerweise nicht an sich heranließ, erlebte sie den ersten Tag im Hörsaal doch als aufregendes Ereignis. Neben ihr saß ein großer, dunkelhaariger Kommilitone. „Roland Schneider" schrieb er in die Anwesenheitsliste. Abends tauchte er zufällig mit seinen Kumpels in der Kneipe auf, in der sie als Bedienung ihr Geld fürs Studium verdiente. Roland Schneider verfolgte sie den ganzen Abend mit zunehmend verliebteren Blicken. Er wartete, bis sie abgerechnet hatte und brachte sie dann nach Hause.

Von da an sahen sie sich öfter. Es war tatsächlich Liebe. Zum ersten Mal empfand Susanne wirkliche Zuneigung zu einem anderen Menschen, der nicht zu ihrer Familie gehörte. Aber sie beeindruckte auch, wie Roland sich ein Lebensziel gesetzt hatte und es zielstrebig verfolgte. Schon früh begann er, sich in der Nachwuchsorganisation seiner Partei zu engagieren. Seine rhetorischen Fähigkeiten brachten ihm bald ein Kreistagsmandat ein. Und nicht nur das. Mit 28 übernahm er den Fraktionsvorsitz, ein Jahr später auch den Vorsitz der Kreispartei. Mit 34 kandidierte er bei der Landratswahl und musste sich nur knapp im zweiten Wahlgang geschlagen geben. Doch mittlerweile hatte er reichlich Kontakte auch in der Landespartei geknüpft, wobei ihm Susanne immer hilfreich zur Seite gestanden hatte.

Bei allem Ehrgeiz, den er hatte: Susanne war noch ehrgeiziger. Sie trieb ihn vorwärts: Innenminister, Ministerpräsident, Bundeskanzler. Warum nicht? Kohl hatte auch diese Karriere gemacht. Mit diesem Gedanken im Kopf würde sie ihn treiben.

„Übrigens", fuhr Susanne fort, „die Sache von eben hat sich einfach so ergeben. Aber um noch einmal auf Sandra Fischer zurückzukommen: Wir haben schon genug Ärger mit dem Problem deines Vaters. Du solltest die Liaison mit ihr jetzt beenden."

Roland starrte einen Moment ins Leere, nickte dann kurz und lächelte. „Sandra Fischer ist tot!"

Susanne zuckte bei diesen ohne jegliche Emotion gesprochenen Worten zusammen. „Was?"

„Sandra Fischer ist tot", fuhr Roland in einem sachlichen Ton fort. „Am Samstagmorgen, auf dem Verbindungsweg zwischen Dreisbach und Sinn. Unfall. Sie ist mit ihrem Cabrio in einer unübersichtlichen Kurve in einen Traktor gekracht." Er zuckte mit den Achseln. „Nicht angeschnallt, unaufmerksam, vielleicht Alkohol. Keine Ahnung. Ich hab's vorhin im Büro erfahren.

Bei aller Kaltblütigkeit war Susanne doch ein wenig erschrocken. „Mein Gott, das ist ja grauenhaft!“

Roland schien immer noch ins Leere zu blicken. „Vielleicht sollten wir sogar froh darüber sein“, meinte er.

„Was?“ kam Susannes fassungslose Frage.

Roland sah sie jetzt an. „Sie hat mich erpresst. Ich sollte ihr eine leitende Funktion in der Firma verschaffen. Dafür wollte sie über unser Verhältnis schweigen. Und über die Sache mit meinen Vater.“

Susannes Augen weiteten sich: „Was? Aber woher weiß sie denn davon?“

Roland schüttelte den Kopf. „Keine Ahnung. Aber das Ganze nimmt langsam gefährliche Dimensionen an.“

Susanne hatte sich wieder etwas von ihrem Schrecken erholt. „Du hast recht. Wir müssen endlich dieses Papier bekommen und vernichten. Hansi ...“

Roland schaute sie bei der Erwähnung dieses Namens etwas missmutig an.

„Ich meine Brinkmann, hat etwas von einer zündenden Idee gefaselt. Er hat’s mir aber nicht näher erläutert. Du hast ihn ja nicht zu Wort kommen lassen.“

Roland ließ ein sarkastisches Prusten hören. „Ich hatte nicht den Eindruck, dass ihr euch unterhalten habt.“ Dann schlug seine Stimmung noch einmal in verletzte Eitelkeit und Verärgerung um. „Warum dieser Prolet?“ raunzte er.

„Warum nicht er? Wir haben zusammen Abitur gemacht, und ich hatte mal was mit ihm. Hansi ist kein Prolet. Vielleicht ein bisschen einfältig. Aber sein Pech war, dass er damals auf die schiefe Bahn geraten ist.“ Sie sah ihm in die Augen, und er hielt ihrem Blick nicht stand. „Warum nicht er? Wenn ich dir das mit Sandra Fischer heimzahlen wollte, war er genau der Richtige.“

Roland wetzte seine Zähne an der Unterlippe. Am liebsten wäre er laut geworden, hätte geschrien, sie geschlagen, sie irgendwie spüren lassen, dass sie ihn gedemütigt hatte. Aber er wusste, dass es zwecklos war. Sie hatte die erste Gelegenheit ergriffen, ihm sein Verhältnis mit Sandra heimzuzahlen. Was hätte er ihr vorwerfen können? Sie würde ihn einfach kalt abblitzen lassen. Besser war es, die Aufmerksamkeit wieder auf das eigentliche Problem zu richten, von der unangenehmen Situation abzulenken.

„Sandra Fischer ist tot. Und ich sage noch mal: Gott sei Dank. Sie hat irgendwie Wind bekommen von unserem Problem. Und sie hätte es ausgenutzt. Immer wieder.“

Susanne nickte. „Wahrscheinlich hast du recht. Aber wir sind kein Stück weiter. Wir sind nur ein neues Problem schnell wieder losgeworden. Das alte Problem ist immer noch da.“

Roland wetzte wieder die Zähne. „Wir werden die Sache noch einmal beraten. Heute Abend. Wir müssen jetzt etwas tun.“

Susanne dachte: So redet ein professioneller Politiker. Problem erkannt, aber keine Lösung. Etwas tun! Jetzt! Was? Beraten! Mit welchem Ziel? Susanne war sehr gespannt, wie diese Gesprächsrunde verlaufen würde.

30. Der Schatz

Das linke Knie schmerzte ihn zunehmend. Der Spaten hatte Bartuschek an seinem wunden Punkt getroffen. Schon lange hatte er Probleme mit dem Gelenk. Die Säcke mit Blumenerde, Dünger oder Torf waren nicht leicht, die er regelmäßig im Lager stapeln oder seinen Kunden bis zum Wagen tragen musste. Allzu oft hatte er dabei aus dem Rücken gearbeitet, sich einfach gebückt und die Säcke hoch gehoben.

Bis zum dem Tag vor sechs Jahren. Da spürte er plötzlich diesen Stich im Lendenbereich. Nicht beim Arbeiten. Eine Kiste Bier wollte er hochheben. Nur eine Kiste Bier, die viel leichter ist als ein 80-Liter-Sack mit Pflanzenerde. Knapp über der Ladekante seines Kombis spürte er plötzlich diesen stechenden Schmerz, dem ein kurzer Aufschrei und das Klirren der Flaschen folgte, weil er automatisch die Kiste losließ, die dann deutlich hörbar in den Kofferraum plumpste. Immerhin waren die Flaschen heil geblieben, aber zu Hause kam er kaum aus dem Wagen, weil jede Bewegung schmerzte. Er fühlte sich wie einzementiert.

Sein Hausarzt schickte ihn gleich weiter zum Orthopäden, wo er erst einmal eine Stunde im Wartezimmer saß. Der Arzt tastete Bartuscheks Rücken ab und forderte ihn auf, mit den Fingerspitzen seine Zehen zu berühren. Das hatte Bartuschek noch nie gekonnt, auch ohne schmerzenden Rücken gelang ihm das nicht. Der Arzt schickte ihn zum Röntgen. Wieder hieß es warten. Vor dem Röntgen, nach dem Röntgen. Dann konnte er endlich wieder zum Arzt rein, und der erklärte ihm, dass sich der vierte und fünfte Lendenwirbel verschoben hatten. Das könne zum Beispiel durch eine falsche Hebetechnik passieren. Ob er denn oft schwer zu heben habe, wollte der Orthopäde wissen. Ja, sagte Bartuschek, das bringe sein Beruf so mit sich. Dann solle er besser in die Knie gehen, meinte der Arzt und schrieb seinem Patienten noch sechsmal Krankengymnastik auf.

Bartuschek befolgte den Rat, hob fortan Säcke und andere gewichtige Dinge über fünf Kilo immer mit Unterstützung aus den Kniegelenken, was auch ungefähr vier Jahre lang gut gelang. Dann aber begann das linke Knie hin und wieder einzuknicken, wenn er es beim Heben streckte. Du wirst langsam alt, dachte Bartuschek und verzichtete auf einen erneuten Besuch beim Orthopäden, weil er fürchtete, dass ihm der Arzt raten würde, seinen Beruf zu wechseln. Also biss er in den sauren Apfel und verpflichtete hin und wieder Werner Schnorr für größere Hebearbeiten.

Werner Schnorr! Bartuschek biss die Zähne zusammen, dass es knirschte. Zu alldem hatte dieser Blödmann ihm auch noch den Spaten gegen das lädierte Gelenk gepfeffert. Das Knie hatte mittlerweile die doppelte Größe angenommen und sich rot gefärbt. Es pochte und war durch die Schwellung mittlerweile ziemlich steif geworden. Dagegen spürte Baruschek den Tritt gegen sein rechtes Schienbein kaum. Das würde zwar auch einen blauen Fleck geben, aber im Vergleich zu den Schmerzen im Knie war die Schienbein-Verwundung Kleinkram.

Dennoch war Bartuschek fest entschlossen, an diesem Abend wieder dort zu graben. Da er vermutete, dass auch Werner Schnorr auf die Pirsch gehen und es wahrscheinlich erneut an der Stelle versuchen würde, wo sie heute Mittag so übel aneinandergeraten waren, wollte Bartuschek eine weitere Stelle in Angriff nehmen, die Karl Kroner in der Vergangenheit öfter aufgesucht hatte: unten am Fluss, am Wehr Richtung Edingen. Heute Abend war die Gelegenheit günstig. Nicht nur, dass der Himmel wolkenlos und der Mond fast voll war. Auch seine Frau traf sich heute mit ihrem Damen-Kegelclub. Ingelore war in den vergangenen Tagen misstrauisch geworden, hatte schon mehrmals gefragt, was er in letzter Zeit so früh morgens und abends außer Haus zu erledigen habe. „Frische Luft schnappen", hatte er geantwortet. Andere würden joggen. Das könne er seinem Rücken und den Knien nicht zumuten. Also verschaffe er sich die nötige Bewegung durch ausgedehnte Spaziergänge. Morgens und abends.

Ingelore hatte den Kopf geschüttelt und sich mit der Antwort zufriedengegeben. Aber heute war die Sache anders. Er hätte erklären müssen, warum er humpelnd und mit einem dicken Knie von seinen Gesundheitsspaziergängen zurückgekommen war und trotz der Schmerzen gleich abends wieder auf Tour gehen wolle. Bartuschek war um Erklärungen normalerweise nicht verlegen, aber hier versagte selbst seine Phantasie. Da war es gut, dass er erst um sieben Uhr nach Hause kam und Ingelore seit sechs Uhr auf der Kegelbahn war, um sich sportlich zu betätigen, ein Rahmschnitzel mit Pommes und Salat und das eine oder andere Likörchen zu verdrücken. Um halb elf kam Ingelore in der Regel nach Hause. Dann würde er vor dem Fernseher sitzen und die Tagesthemen schauen (eine Leidenschaft, die er mit seinem neuen Erzfeind Werner Schnorr teilte). Auf die Frage, warum er ein dickes Knie habe, könnte er dann sagen, er habe sich beim Heben eines Torfsackes im Lager vertreten.

Damit er auch um halb elf vor dem Fernseher sitzen konnte, machte er sich gleich nach Geschäftsschluss auf in die Wohnung und aß zu Abend. Um halb neun setzte er sich wieder in seinen Kombi und fuhr zum Fluss. Den Wagen stellte er einen halben Kilometer vom Wehr entfernt an einem Feldweg ab, der an dieser Stelle durch eine große Weißdornhecke vor den Blicken anderer verborgen wurde. Dann hinkte Bartuschek zum Flussufer, wo er im Schutz der Bäume zum Wehr schlich. Ein schmaler Pfad führte zwischen den Büschen hindurch zur Furt. Bartuschek blieb aber zunächst oberhalb des Wehres stehen und verschaffte sich einen Überblick.

Es war immer noch hell, die Sonne berührte gerade die bewaldeten Höhen des Flusstales, und es würde sicher nicht vor einer halben Stunde dämmrig. Er musste also vorsichtig sein. Immer noch konnten Spaziergänger vorbeikommen. Spätestens um zehn musste er fertig sein. Bartuschek wusste, dass Werner Schnorr um diese Zeit seinen dämlichen Köter ausführte. Selbst wenn dieser Drecksack jetzt am Hügel grub, an dem sie sich heute Mittag duelliert hatten, würde er diese Prozedur sicher nicht auslassen, dachte der Kaufmann. Er setzte sich am Ufer zwischen die Büsche, nachdem er sich vorher davon überzeugt hatte, dass er nicht in ein „Tretminenfeld“ geriet, und wartete auf die Dämmerung.

Der Fluss bewegte sich träge in seinem Bett. Mittlerweile führte er wieder weniger Wasser, weshalb an der Sturzkante des Wehres auch kein Wasserfall in den kleinen Teich brauste, sondern nur einige Rinnsale über die Mauer plätscherten. Etwas mehr Wasser rauschte die Fischtreppe hinunter oder presste sich zwischen einigen undichten Brettern der Wehrmauer hervor. An einigen Stellen hatten sich Pfützen gebildet, in denen das Wasser schon ein paar Tage in der Sonne vor sich hin moderte.

Es roch nach Fäulnis. Bartuschek rümpfte die Nase. Verstärkt wurde der üble Geruch noch durch die feuchten Algen, die am Mauerwerk hingen. Aus seiner Westentasche fingerte er eine Filterlose und zündete sie an. Der Tabakduft verdrängte für eine Zeit den unangenehmen Gestank.

Während er an seiner Zigarette zog und den Rauch durch die Nase blies, sondierte er die Gegend. Ein paar Meter vor ihm war die Sturzkante des Wehres, dann kam eine langsam abfallende Platte aus betonierten Bruchsteinen. Links davon wand sich die Fischtreppe in einem leichten Bogen flussabwärts und mündete in den kleinen Teich, der nach unten durch die Furt begrenzt war. Von dort an hatte der Fluss auch bei Niedrigwasser einen knappen halben Meter Tiefe. Am gegenüberliegenden Ufer lag eine große Wiese, die auf der anderen Seite von einem Kanal begrenzt war. Der Kanal führte vom Wehr aus etwa einen Kilometer nach Süden und speiste die Turbinen eines kleinen Kraftwerkes. Rechts vom Kraftwerk führte die Eisenbahnstrecke vorbei, die wiederum von der Sauerlandlinie gekreuzt wurde. Nichts. Nichts, was in Bartuschek die Hoffnung wachrief, dass hier irgendwo etwas Wertvolles vergraben sein könnte. Sein Blick ging wieder zurück: Autobahn, Eisenbahn, Kanal, Wiese, Fluss, Furt und das Ufer vor der Fischtreppe – letzteres wild überwuchert mit Gebüsch. Dahinter ein paar Bäume: Erlen und Eichen.

Eichen. Bartuschek schaute genauer hin. Eins, zwei, drei. Drei Eichen. Ja, drei Eichen. Hatte nicht Margret Schnorr von drei Eichen gesprochen? Aber sie meinte ja die am Gedenkstein für den ermordeten Förster. Trotzdem, es waren auch hier drei. Nein, eigentlich waren es vier. Aber eine war im Frühjahr vergangenen Jahres umgeknickt, als es tagelang geregnet hatte, dazu noch ein heftiger Sturm kam und das Hochwasser das Ufer so unterspülte, dass eine von den Eichen umbrach.

Jetzt waren es nur noch drei. Vielleicht waren ja die auch tatsächlich gemeint. Eventuell hatte der Unbekannte, der damals von Werner Schnorr überrascht worden war, irgendetwas von drei Eichen aufgeschnappt, wo Kroner sein Geld oder Gold versteckt haben sollte und einfach an den allseits bekannten Ort gedacht.

Ja, so musste es gewesen sein. Der Unbekannte hatte einfach an der falschen Stelle gesucht. Die drei Eichen waren drüben am Ufer unterhalb der Fischtreppe. Außerdem hatte man Karl Kroner hier ebenfalls oft gesehen (was allerdings für zahlreiche andere Plätze in der Gegend auch zutraf). Bartuscheks Puls nahm um einige Schläge zu. Er fixierte die Stelle, zog noch einmal an seiner Filterlosen und schnippte sie ins Wasser, während er den Rauch in die Dämmerung hauchte. Dann sah er sich um. Niemand zu sehen. Er schaute auf seine Uhr. Halb Zehn. Noch einmal sah er nach links und rechts. Werner Schnorr würde in einer halben Stunde seine Patrouille mit dem Hund beginnen. Jetzt war es günstig.

Bartuschek schnappte sich seinen Spaten und hinkte los. Die Überquerung der Fischtreppe war in seinem etwas lädierten Zustand nicht ungefährlich, gelang aber dennoch problemlos. Er brauchte nur dem Trampelpfad zu folgen, und auf dem weichen, dunkelgrauen Flusssand verursachte er nicht einmal Schrittgeräusche. Bartuscheks Herz schien Freudensprünge zu machen. Jetzt hatte er endlich die richtige Fährte, war er überzeugt. Als er vor den drei Bäumen stand, die seiner Meinung nach ihre Wurzeln über seine Beute streckten, blieb er für einen Moment ratlos stehen. Wenn der Boden nun tatsächlich so verwurzelt war, dass er mit dem Spaten gar nicht durchkam? Dann gewann wieder die Zuversicht die Oberhand. Kroner hatte schließlich auch hier gegraben. Bartuschek trat zwei Schritte zurück und steckte den Spaten fest in den Boden, um das Gelände genauer zu taxieren.

Ein dumpfer Ton ließ ihn zusammenzucken. Für einen Moment stand er starr, atmete schwer. Dann zog er den Spaten wieder aus dem Sand und steckte ihn erneut hinein. Wieder das dumpfe Geräusch, jetzt begleitet von einem kaum hörbaren Splittern. Wieder zog er den Spaten heraus, um ihn jetzt ganz vorsichtig in den Sand zu schieben, ähnlich wie ein Minensucher sein Werkzeug Millimeter für Millimeter in den Boden gräbt, um den gefährlichen Sprengkörper einzugrenzen. Wieder ein Widerstand. So ging das eine Viertelstunde fort, und es gelang Bartuschek, den geheimnisvollen Gegenstand unter der Sanddecke einzugrenzen. Dann begann er, ihn freizulegen.

Weitere zehn Minuten später, die ihm – weniger vor Anstrengung als vielmehr vor Aufregung – den Schweiß aus den Poren trieben, zog er die Plastiktüte der nicht mehr existierenden Supermarktkette aus dem Loch. Mit zitternden Händen legte er sie vor sich hin und schaute auf die Uhr. Kurz vor Zehn. Bald würde Schnorr seinen blöden Köter ausführen und möglicherweise hier vorbeikommen. Es war keine Zeit zu verlieren.

Bartuschek streifte die Tüte von der Holzkiste, die infolge seiner Spatenhiebe einen breiten Riss aufwies. Er klappte die beiden Verschlüsse auf und hob den Deckel. In der Holzkiste befand sich eine Metallbox mit der Aufschrift der US Army und einer Jahreszahl: 1948. Die Box hatte zwei Schnappverschlüsse, die Bartuschek in Windeseile aufklickte.

Seine Augen weiteten sich. Ein Bündel Geldscheine. Die Illusion der Hoffnung, Phantasie und die fortgeschrittene Dunkelheit ließen ihn nicht sofort erkennen, um welchen Betrag es sich handelte. Aber Geldscheine waren es. Kein Gold, egal, dachte Bartuschek, holte das dicke Bündel aus dem Kasten und hielt es dicht vor die Augen. Aber ohne Brille verschwammen die Zeichen und Zahlen nur so vor seinen Augen. Er brachte das Bündel wieder auf Abstand, zückte sein Feuerzeug und ließ die Flamme aufblitzen. Die Scheine, das sah Bartuschek gleich, waren keine D-Mark. Die Hoffnung einer Zehntelsekunde, es könne sich um kanadische Dollar handeln, zerstob schnell. ‚Reichsmark' las Bartuschek, und mit einem Mal interessierten ihn die Zahlen mit den vielen Nullen nicht mehr. Es waren alte Reichsmarkscheine. Wertlos, höchstens noch etwas für Sammler.

Er warf Kiste und Bündel wütend und enttäuscht in den Sand. Weil das seine Wut aber nicht abkühlte, trat er wuchtig gegen die kleine Holzkiste, die in hohem Bogen in den Fluss flog und langsam davon schipperte. Das Bündel Reichsmark-Noten hatte mittlerweile der leichte Abendwind gepackt und über das Ufer verteilt.

Bartuschek schaute den sich in der Dämmerung verlierenden Geldscheinen nach. Dann sank er langsam zu Boden und fing an, ziemlich blöde zu kichern. „Der Schatz der Sierra Madre. Wie gewonnen, so zerronnen."

Bartuscheks blödes Lachen wurde lauter und erreichte auch den Mann auf dem Weg hinter dem Uferbewuchs, der gerade seinen Hund ausführte. Werner Schnorr lief es eiskalt über den Rücken, und er beeilte sich, wieder bewohntes Gebiet zu erreichen. Nach der Sache mit Karl Kroner war ihm das Ufergelände ohnehin nicht mehr geheuer. Aber dieses verrückte Lachen ließ einen Wahnsinnigen vermuten. Und dem wollte Werner Schnorr weder an diesem noch an irgendeinem anderen Abend begegnen.

31. Susannes Abrechnung

Da saßen sie nun. Die Artisten in der Zirkuskuppel: ratlos. Sie hatten sich bis hier oben vorgearbeitet. Jetzt wussten sie nicht, wie es weitergehen sollte. Ein Sprung, ein Salto, wohin? Unter ihnen war kein Netz und kein doppelter Boden. Den Genickbruch vor Augen, saßen sie da und blickten nur ratlos um sich. Roland, Gerhard, Susanne und Caro. Keiner wusste Rat. Sie hatten alles versucht, und es war erfolglos gewesen. Was nun?

Nur einer stand, oder vielmehr: Er war in Bewegung, innerlich und äußerlich. Heinrich Schneider. Wie ein Tiger im Käfig ging er, die Hände hinter dem Rücken verschränkt, den Kopf gesenkt und die Lippen zusammengekniffen, auf und ab. Roland sah, wie es in ihm arbeitete. Susanne sah es auch, und am liebsten hätte sie sich gefreut, dass der alte Mann, der sie immer wie den letzten Dreck behandelt hatte, litt. Aber sein Leid, sein Problem, war auch das der gesamten Familie, war somit ihres. Und dafür, dass Heinrich alle anderen in Mitleidenschaft zog, hasste sie ihn umso mehr.

Heinrich blieb in der Mitte des Wohnzimmers stehen, sah einen nach dem anderen an, während seine Kiefer mahlten und seine Brust heftig pumpte. Dann platzte er. „Eine Pleite nach der anderen. Gerhard heuert diesen Brinkmann an. Ohne Erfolg! Der findet die Papiere nicht – aber ist jetzt ein Mitwisser. Roland ist so unglaublich geschickt und lässt sich beim Graben im Wald erwischen und löst auch noch den Goldrausch von Sinn aus.“ Dann fixierte sein Blick Roland: „Und was hat deine glorreiche Idee mit dem Posten für diese Manuela Dornberg in deinem Wahlkampfteam gebracht? Nichts!“

„Bisher“, versuchte Roland abzuschwächen.

Susanne war eigentlich die Letzte, die sich in den Vater-Sohn-Konflikt einmischen wollte, aber die Arroganz, mit der der Alte andere dafür verantwortlich zu machen versuchte, was er selber verbockt hatte, trieb ihr den Zorn auf die Zunge. „Wir sollten nicht vergessen, wem wir diese dumme Situation verdanken, Heinrich“, schoss sie eine Spitze gegen den Patriarchen ab, woraufhin der bisher in Passivität zusammengesunkene Gerhard durch ein erschrockenes Aufatmen zu erkennen gab, dass er auch noch als Gesprächsteilnehmer ernstzunehmen war und Roland ein empörtes und zur Mäßigung aufrufendes „Susanne!“ ausstieß.

„Ach was“, giftete Susanne Roland an. „Ich bin es leid, immer wieder die Faust in der Tasche ballen zu müssen. Ich musste mir immer alles gefallen lassen von ihm, die versteckten und offenen Boshaftigkeiten gegen mich, nur weil mein Vater ein einfacher Arbeiter und meine Mutter eine Putzfrau war. Immer hat er mich spüren lassen, dass ich für ihn der letzte Dreck bin, eine, die sich ins gemachte Nest gesetzt hat. Nie durfte ich mich dagegen auflehnen, weil er ja dein Vater ist. Jetzt sag ich, was ich denke und was ich schon lange sagen wollte.“

Susanne war jetzt in Fahrt. Sie funkelte Heinrich Schneider wütend an, der im ersten Moment verblüfft war, von ihr so angefahren zu werden. Dann wollte er wütend losplatzen, besann sich aber, verschränkte die Arme vor seiner Brust und verzog die Mundwinkel. „Dann mal los“, forderte er Susanne auf.

Die scheinbare Ruhe des Alten ließ sie für eine Sekunde unsicher werden. Roland unternahm noch einen Versuch, sie von unbedachten Äußerungen abzuhalten. Aber gerade das ließ ihre Wut wieder hochkochen.

„Ja, ich sag‘s dir. Du hast immer den großen, unfehlbaren Patriarchen gespielt. Was du wolltest, musste gemacht werden, weil alles und jeder von dir abhing. Du hast immer auf mich runtergeschaut, auf meine Herkunft, die dir nicht fein genug war für deinen geliebten Roland, der ja was Besseres verdient hatte als die Tochter eines Arbeiters und einer Putze. Dabei kommst du ja selbst aus diesem Milieu. Du hast den großen Mäzen für den Sportverein gespielt und nach außen immer so getan, als ob du unfehlbar und moralisch unangreifbar bist. Du hast dir Leute zunutze gemacht, wie du es gerade brauchtest.“

Heinrich atmete schwerer, doch er konnte seine Wut unter Kontrolle halten. „Kommt noch was?“ fragte er mit sarkastischem Lächeln in den Mundwinkeln. „Dann nur zu. Weiter!“

Susannes Augen schossen Blitze, und mit einer hastigen Schulterbewegung streifte sie Rolands Arme ab, der erneut versuchte, sie zu beruhigen. „Ja, es geht weiter“, katapultierte Susanne ihren nächsten verbalen Pfeil ab. „Es kommt noch was. Du hast jeden nur nach Nutzbarkeit eingeschätzt. Und ich war für dich unnütz.“ Sie holte tief Luft. „Und jetzt schau dich an. Was ist aus dem Saubermann Heinrich Schneider geworden, dem moralisch Unangreifbaren? Ein Häufchen Elend, einer der zittert, dass seine Sauerei von damals ans Tageslicht kommt. Wegen dir ist das Mädchen damals gestorben. Für dich war sie nur unnütz, ein Klotz am Bein, ein Stein auf dem Weg nach oben. Wenn es uns nicht alle treffen würde, würde ich dich in deinem selbstgemachten Sumpf verrotten lassen. Ich hasse dich!“

Heinrich Schneider hätte sich am liebsten auf sie gestürzt und auf sie eingeprügelt. Er hielt sich mit Mühe zurück. Schwer atmend sah er seine Schwiegertochter geringschätzig von unten bis oben an, schürzte die Lippen und stieß ein sarkastisches „Ach ja, Susanne, die Einzige, die astrein ist.“

Roland, der eine resignierte Haltung eingenommen hatte, konnte sich ein belustigtes Grunzen nicht verkneifen, wenn er an die keineswegs astreine Szenerie des Nachmittags dachte. Für den ironischen Ton erntete er von Susanne einen wütenden Blick, während Heinrich fortfuhr: „Susannchen hat ja nur versucht, Manuela Dornberg ein wenig einzuschüchtern. Aber es hat auf sie überhaupt keinen Eindruck gemacht. Eine Pleite nach der anderen. Feine Familie!“

Gerhard hatte in diesem Streit eine neutrale Position eingenommen, wenn er auch mit Schrecken Susannes Tirade zugehört hatte. Bevor das Ganze noch zu einem handfesten Familienkrach eskalierte, versuchte er, die Gemüter zu besänftigen und auf den eigentlichen Zweck ihres Treffens zurückzuführen. „Hört auf mit dieser unsinnigen Diskussion. Wir sollten uns hier nicht gegenseitig Vorwürfe machen, sondern darüber nachdenken, wie wir das Problem lösen.“

„Und wie?“ hakte Heinrich ein.

„Bisher hat diese Dornberg doch anscheinend noch nichts Konkretes in der Hand. Sonst wäre sie damit jawohl rausgerückt. Solange sie die Papiere nicht hat ...“, fuhr Gerhard fort.

Sein Vater war aber nicht so leicht zu besänftigen. „Ja, solange sie die Papiere nicht hat! Und dass sie die nicht in die Hände bekommt, dafür werd ich jetzt selbst sorgen."

Susanne konnte sich ein ironisches „Hört, hört!" nicht verkneifen.

Roland dagegen ließ ein ängstliches „Was hast du vor?" vernehmen.

„Ich kannte Karl fast mein Leben lang. Ich werd mich mal selbst in seinem Haus umsehen. Ich find schon, was ich suche", entgegnete sein Vater und wandte sich zur Tür. Bevor er hinausging, drehte er sich noch einmal zu den anderen um, blickte sie der Reihe nach an und verließ das Zimmer.

Roland, der die Entschlossenheit im Blick seines Vaters kannte, dachte: Hoffentlich geht das gut! Dann wandte er sich Susanne zu, die seinem strafenden Blick standhielt. „War das nötig?"

„Was?" gab sie sich unschuldig.

„Na, was wohl? So mit ihm zu sprechen."

„Das war schon lange überfällig", antwortete sie und lehnte sich zurück.

In die plötzlich auftretende Stille fragte Caro, die zwar die ganze Zeit dabeigesessen, aber sich passiv verhalten hatte: „Ist ... ist Opa ein Mörder?"

Die anderen zuckten bei dieser Frage zusammen und schauten sich entsetzt an. Caro sprach aus, was niemand auch nur zu denken gewagt hatte. War Heinrich ein Mörder? Wenn auch nicht in juristischem, so doch in moralischem Sinn?

Susanne nahm sie erschrocken in die Arme und streichelte ihr über das Haar. „Caro, Caro, so was darfst du nie wieder sagen. Opa ist kein Mörder. Er ist kein Mörder!"

Diese verfluchte Bande, dachte Heinrich Schneider, während er durch die Straßen ging. Gegen halb zehn hatte er das Haus verlassen und trottete nun über den Waldpfad den Berg hinab ins Lennelbachtal. Der Abend war wunderbar lau, und er bemerkte, dass in vielen Gärten die Leute saßen und sich unterhielten. Da er aber in seiner jetzigen Stimmung niemandem begegnen wollte, suchte er sich seinen Weg am Ortsrand entlang und über die Wiesen im Tal. Für einen Moment blieb er noch auf der Anhöhe stehen und schaute auf die gegenüberliegende Seite des Tales. Da drüben war vor einer Viertelstunde die Sonne untergegangen, und der Himmel über dem Westerwald nahm weiter oben eine bläulichere Farbe an. Über der schwarzen Silhouette des Waldes zeigte sich noch ein schmaler Streifen Gelb-Orange. Darunter verschwammen die Konturen von Bäumen, Berg und Häusern in einer schwarzen Masse, die auf halber Höhe vom Lichterband der Sauerlandlinie, der A 45, unterbrochen wurde. Unterhalb dieses Lichterbandes breitete sich die konturenlose schwarze Masse aus, in der lediglich einzelne Lichtpunkte aus dem Ort für eine Unterbrechung sorgten. In dieses Dunkel musste er nun eintauchen. Dort unten lag Karls Haus. Noch schlimmer: Es lag auch noch auf der anderen Seite des Ortes, am Ende der Welt, wie er jetzt dachte. Oder: Am Ende meines Weges.

Es gab keine andere Möglichkeit. Er musste von hier oben absteigen, um zu retten, was zu retten war. Und er war gewillt, es zu retten. Fast hätte er gesagt: Koste es, was es wolle.

Dieser verfluchte Kerl! Sie waren einmal die dicksten Freunde. Aber Karl war immer der Sensiblere gewesen. Er hatte das einfach nicht verkraftet, damals. Aber hatte er, Heinrich, es verkraftet? Er hatte es verdrängt. Jahrelang. Jahrzehntelang. Karl, Hanna und diese Dummheit in einer schönen, lauen Sommernacht. So schön und lau wie heute. Was war heute für ein Tag? Der 22. Juni. Vor fünfzig Jahren. Vor fast genau fünfzig Jahren. Am 26. Juni 1948 war die Nacht genauso lau und warm. Heute würde er dieses dunkle Kapitel seiner Vergangenheit abschließen. Endgültig.

Heinrich Schneider ging weiter. Er erreichte den Ortskern, ließ den alten Friedhof mit der kleinen Kapelle links liegen und überquerte die Straße nach Ballersbach. Er wandte sich an der mit wuchtigen Bruchsteinen aufgeführten evangelischen Kirche zur Treppe, die ihn zum Dorfmittelpunkt führte. Dann ging er nach links in die Baumgartenstraße. Dieser Schlenker war zwar ein kleiner Umweg, aber ab hier waren die Straßen zur anderen Dorfseite um diese Zeit meist wie ausgestorben. Es gelang ihm sogar, unbemerkt am „Sinner Hof“ vorbeizukommen, obwohl er befürchtet hatte, gerade hier vor der Gaststätte irgendjemandem in die Hände zu laufen, der dann fragte: „Na, Heinrich, so spät noch im Dorf unterwegs?“

Aber er hatte Glück, und auch auf dem restlichen halben Kilometer zum Stöckweg begegnete ihm kein Mensch. Heinrich Schneider hatte sich eine seiner „Deutsche-Jagd“-Zigarren angezündet und schritt in

Gedanken versunken vorwärts. Mittlerweile war es ziemlich dunkel geworden. Dann sah er im schwachen Schimmer der Straßenlaterne Karls Haus und ...

Was – vielmehr wer – war das? Eine Gestalt näherte sich von der anderen Seite. Heinrich Schneider konnte sie nicht genau erkennen, was auch daran lag, dass er vergessen hatte, seine Brille mitzunehmen. Aber trotz der Entfernung sah er doch, dass die Gestalt lange, blonde Haare haben musste. Ihm fiel in diesem Moment nur eine Person ein, die lange, blonde Haare hatte: Manuela Dornberg.

32. Karls Haus

Heinrich Schneider wartete geduckt hinter dem Zaun, bis Manuela im Hof verschwunden war. Dann folgte er ihr eilig. An der Ecke des Hauses blieb er erneut stehen. Er hörte, wie Manuela die Treppenstufen zur Haustür hinaufging, wie ihr Schlüsselbund klirrte, wie sie einen Schlüssel ins Schloss steckte und die Haustür öffnete. Heinrich durfte nicht zu früh sein, damit er nicht von ihr bemerkt wurde. Wenn er Glück hatte, machte sie die Tür nicht zu, sondern ließ sie von selbst ins Schloss fallen.

Er blickte vorsichtig um die Hausecke. Ja, sie war schon im Flur, und die Haustür ging langsam wie in Zeitlupe von selbst zu. Kurz bevor sie ins Schloss fiel, war Heinrich Schneider da, öffnete sie wieder einen kleinen Spalt und schlich in den dunklen Hausflur. Seine Augen mussten sich erst an die Finsternis gewöhnen. Manuela hatte kein Licht gemacht. Anscheinend war sie die Treppe hinaufgegangen. Ja, da war plötzlich ein leichtes Knarren von oben zu hören. Offensichtlich hatte sie eine Taschenlampe dabei, mit der sie die Stufen im Treppenhaus beleuchtete.

Nur mühsam gewöhnten sich Heinrichs Augen an die Dunkelheit. Draußen hatten immerhin noch die Straßenlaternen ein bisschen Licht verbreitet. Hier im Flur war es völlig finster. Erst nach einiger Zeit konnte er schemenhaft die Möbel im Flur und den Treppenaufgang unterscheiden.

Der alte Mann war unschlüssig, ob er ihr folgen sollte. Wie ein Einbrecher kam er sich vor, der darauf achtete, kein verräterisches Geräusch zu machen. Dabei hatte er das Gefühl, dass Manuela seine Anwesenheit doch hören musste, denn sein Puls hatte sich beschleunigt und verursachte ein unangenehmes Rauschen in den Ohren. Er atmete heftig. Erst einmal durchpusten, sagte er zu sich selbst. Erstmal ruhiger werden. Lass sie sich oben umschauen, vielleicht findet sie ja, was du selbst suchst. Vielleicht weiß sie sogar, wo es versteckt ist. Warte einfach, dann serviert sie es dir frei Haus, dachte er. Langsam ging sein Atem ruhiger. Die erste Aufregung hatte sich gelegt. Aber was war, wenn sie dann die Treppe herunterkam, den Schrieb in der Hand, und er stünde plötzlich vor ihr? Würde ihr Schreck groß genug sein, sich von ihm die Papiere entreißen zu lassen? Wäre er dann schnell genug, der deutlich jüngeren und erheblich sportlicheren Frau zu entkommen? Er fand keine Antwort. Nur eines wusste er: Gewalt würde er Manuela Dornberg nicht antun. Unschlüssig was er tun sollte, entschied er sich dafür, erst einmal weiter abzuwarten.

Eine Viertelstunde verging, die ihm mindestens doppelt so lange vorkam. Er hatte sich in die Ecke des Flures gedrückt, in der der Lichtschalter platziert war. Wenn Manuela die Treppe herabkam, wollte er das Licht einschalten. Er rechnete fest mit dem Überraschungseffekt ihrer Verblüffung, die sie für einen Moment wehrlos machen würde. Dann wollte er ihr die Papiere entreißen und möglichst schnell flüchten.

Nichts geschah. Manuela kam nicht. Hier stand er nun, im dunklen Flur eines fremden Hauses. Wie ein Krimineller, der auf Beute aus ist. Soweit war es gekommen, dass er wie ein Dieb in der Nacht herumschlich. Er ballte die Fäuste in den Hosentaschen. Diese verfluchte Nacht vor fünfzig Jahren. Wurde er denn diese Last niemals los?

Er wartete weitere zehn Minuten. Sie kam immer noch nicht herunter. War sie doch nicht fündig geworden? Er hatte keine Lust mehr, länger hier herumzustehen. Vorsichtig schlich er aus der Ecke heraus, tastete sich langsam vorwärts bis zum Treppengeländer. Bis hierhin hatte er kein Geräusch gemacht. Der dicke Teppich auf dem Boden dämpfte seine Schritte. Aber was war, wenn er auf die Treppenstufen trat? Heinrich Schneider wollte Manuela überraschen. Wenn nicht hier unten, dann da oben, wo sie jetzt wohl in staubigen Akten, Kisten oder Schränken nach seinem schriftlichen Geständnis suchte.

Er musste es riskieren. Langsam hob der den rechten Fuß und stellte ihn auf die unterste Treppenstufe. Oben hatte es geknarrt, als Manuela hinaufging. Aber sie hatte auch keine Anstalten gemacht, Geräusche zu vermeiden. Warum auch, schließlich wähnte sie sich hier ja allein. Heinrich Schneider verlagerte das Gewicht auf das rechte Bein und drückte sich ab. Kein Geräusch war zu hören. Er zog das linke Bein nach und setzte den Fuß auf die nächste Stufe. Auch hier kein Knarren. Stufe um Stufe sorgfältig abtastend, schob er sich langsam nach oben. Es vergingen wieder fast fünf Minuten, ehe er das obere Stockwerk mit der Stiege zum Dachboden erreicht hatte. Jetzt kam noch einmal ein gefährlicher Teil, denn da gab es keinen Läufer mehr, der seine Schritte dämpfte.

Heinrich Schneider erreichte die dritte Stufe der Stiege und zuckte bei dem knarrenden Geräusch zusammen, das das Holz beim Aufsetzen seines Fußes machte. Es war nur ein leises Knarren, nur für ihn hörbar. Doch in der äußersten Anspannung seiner Sinne hatte er das Gefühl, es müsste auch drüben in Fleisbach gehört werden. Er wartete, und da von oben keine Reaktion kam, schlich er langsam vorwärts. Als seine Augen den Dachboden überblicken konnten, sah er im Hintergrund Licht, das aus einem weiteren Raum zu dringen schien und den Speicher in einen schwachen Dämmerschein tauchte. Er ging leise weiter. Tatsächlich, am anderen Ende des Speichers stand eine Tür offen, die offenbar in ein Zimmer führte. Er war überrascht: Die Tür war anscheinend aus der Wand herausgeschnitten worden.

Ein Geheimzimmer. Das passte zu Karl, dem Träumer. Heinrich Schneider schob sich langsam vorwärts. Die Tür stand weit genug offen, so dass er in den kleinen Raum hineinblicken konnte. Er sah Manuela an einem Tisch sitzen und anscheinend in einem Brief lesen. Sie hatte das Geheimnis entdeckt!

33. Hansis Problemlösung

Hansi Brinkmann fühlte sich nicht ganz wohl in seiner Haut, aber er sah keine andere Möglichkeit. Den ganzen restlichen Nachmittag hatte er darüber nachgedacht, ob er nicht doch noch einmal in Kroners Haus suchen sollte. Die Papiere mussten eine ungeheure Wichtigkeit für die Schneiders haben. Was, wenn er sie doch noch finden würde? Er könnte sich dann bei ihnen wieder lieb Kind machen und würde sicher eine ansehnliche Sonderzahlung für seine Leistungen erhalten. Eine andere

Möglichkeit wäre, einfach zu behaupten, er habe die Papiere und erwarte für deren Vernichtung als Gegenleistung ein wenig mehr als eine ansehnliche Sonderzahlung. Das ginge aber nur, wenn er die Dokumente tatsächlich finden würde. Dies wiederum setzte eine erneute Suche voraus, und dazu hatte er keine Lust. Deshalb versteifte er sich auf den Gedanken, mit dem er nachmittags zu den Schneiders gegangen war und mit Susanne in dieser dämlichen Situation erwischt wurde.

Es wurde dämmrig. Er setzte sich in seinen schon ziemlich betagten Golf GTI und fuhr zur Tankstelle. Als er auf den Hof einbog, stellte er fest, dass er der einzige Kunde war. Er hielt vor der ersten Zapfsäule. Um nicht aufzufallen, steckte er die Zapfpistole in den Zulauf zum Tank. Er sah sich noch einmal unauffällig um. Im Verkaufsraum döste der Kassierer vor sich hin. Hansi Brinkmann ließ Benzin einlaufen und holte flugs zwei Fünfliterkanister aus dem Kofferraum. Bei knapp 16 Litern klickte es. Kein Wunder, er hatte ja auch erst vor drei Tagen vollgetankt und war seitdem kaum gefahren. Er steckte die Zapfpistole in den ersten Kanister und ließ ihn vollaufen, dann den zweiten. Als er diesen bis fast zum Auslauf gefüllt hatte, blieb die Anzeige bei knapp 27 Litern stehen. Die würden auch auf der Kassenquittung vermerkt sein. Keiner könnte dann behaupten, dass er zu etwas anderem hier gewesen war, als seinen GTI vollzutanken. Was für ein Glück, dass jetzt niemand hier unterwegs war und der Kassierer ebenfalls nichts mitbekam. Er bezahlte und fuhr vom Hof der Tankstelle.

Dann kamen ihm plötzlich Zweifel, ob er alles wirklich bis zu Ende gedacht hatte. Deshalb bog er kurz hinter der Tankstelle von der Bundesstraße ab zum Fluss. Er stellte den Wagen oberhalb des Wehres am Damm ab, zündete sich eine Zigarette an und dachte nach. Vor Kroners Haus im Stöckweg konnte er nicht parken. Das wäre zu auffällig. Er konnte aber auch nicht einfach den Wagen weiter entfernt abstellen und mit zwei Benzinkanistern unter den Armen zum Haus laufen. Er brauchte bloß irgendeinem Nachbarn zu begegnen, der noch mal seinen Hund ausführte und der sich später an Hansi Brinkmann mit den beiden Kanistern unter den Armen erinnerte.

„Scheiße, wie komme ich dahin?“ dachte er. Es war mittlerweile kurz vor zehn Uhr und ziemlich dunkel. Ihm fiel der unbefestigte Weg ein, der hinter Kroners Haus am Waldrand entlangführte. Die Häuser im Stöckweg waren meist dicht oder nur mit kleinen Vorgärten an die

Straße gebaut. Hinter den Häusern folgten breite Gärten. Dann kam der Feldweg, der unbeleuchtet war. Fuhr man den Stöckweg Richtung Stippbachtal, kam man hinter dem letzten Haus, einer ehemaligen Gaststätte, in ein kurzes Waldstück. Die Straße führte hier entweder vor den beiden kleinen Eisweihern in einer scharfen Kehre wieder zurück in den Ort oder an den Weihern vorbei ins Stippbachtal. Wenn er es schaffte, seinen Wagen unbemerkt in einem der beiden an den Weihern abzweigenden Waldwege abzustellen, konnte er durch die Bäume gedeckt den Feldweg hinter der letzten Häuserreihe erreichen. Dann konnte er die beiden Kanister in Karls Garten abstellen, anschließend den Wagen wegfahren und zu Fuß zurückkehren. Durch den Garten war es problemlos möglich, zum rückwärtigen Teil des Hauses zu gelangen und dann durch den Keller einzusteigen. Das alte Schloss hatte ihm schon vor Tagen keinen wirklichen Widerstand entgegengesetzt.

Durch das geöffnete Wagenfenster hörte er plötzlich ein irres Lachen. Er schaute zum Wehr und sah eine Gestalt über den breiten Wiesenstreifen hetzen, der anscheinend ein Hund folgte.

Hansi Brinkmann fuhr los. Dreimal musste er zu seinem Leidwesen an den Eisweihern wieder Richtung Ort fahren, weil er potenzielle Zeugen ausmachte: einen Mann mit Hund, der aus dem Stippbachtal kam, und zwei Autofahrer, die hinter ihm waren, um den Gemeindeverbindungsweg nach Dreisbach oder Kölschhausen zu fahren. Beim vierten Anlauf hatte er endlich Glück. Er bog in den Waldweg hinter den Weihern ein und stellte seinen Golf nach ein paar Metern unter den hohen Fichten ab. Die Tür des Wagens drückte er leise zu, ebenso die Heckklappe, nachdem er die beiden Kanister aus dem Kofferraum genommen hatte.

Im Schutz der Fichten schlich er etwa hundert Meter den Mühlberg hinauf und verfluchte mindestens zehnmal die Äste am Waldboden, die er in der Dämmerung nicht bemerkte und die ihn immer wieder zum Straucheln brachten. Endlich gelangte er zu dem hier im Unterholz versiegenden Weg, der ihn zum Ortsrand und dann hinter den Häusern im Stöckweg zum rückwärtigen Garten von Karl Kroners Haus führte. Dort hievte Hansi die beiden Kanister über den Maschendrahtzaun unter die Brombeersträucher. Dann schlich er wieder zurück zu seinem Wagen, stieg ebenso leise ein, wie er ausgestiegen war. Die Sensibilität, mit der er seine in schwarze Jeans, schwarze Cowboystiefel und einen schwarzen Kapuzenpulli gekleidete Gestalt leise durch den lauen Sommerabend bewegt hatte, wurde allerdings konterkariert durch das dumpf-brutale Grummeln des GTI-Motors, den er nun startete, um sein zweitliebstes Stück aus der Gefahrenzone zu befördern. Während er den Wagen nach Hause fuhr, fiel ihm plötzlich ein, dass man möglicherweise seine Reifenabdrücke im Staub des Waldweges identifizieren könnte. Er beschloss, nach getaner Arbeit den Weg mit einem unverdächtigen Paar Turnschuhe mehrfach auf und ab zu laufen, um eventuelle Spuren im Sand zu vernichten.

34. Die Papiere

Manuela hatte den freien Nachmittag im Freibad verbracht. Mit den Leuten vom Jugendzentrum wollte sie für das übernächste Wochenende ein Beachvolleyball-Turnier organisieren. Da gab es einiges vorzubereiten. Der Sandplatz im Freibad war mit den Jahren etwas heruntergekommen. Vorrichtungen für die Netzanlage mussten erst installiert werden, der Sand war mit allem möglichen durchsetzt, auch mit kleinen Glasscherben. Sie stammten von den nächtlichen Besuchern, die es nicht dabei bewenden lassen konnten, bei Nacht und Nebel einfach nur über den Zaun zu klettern und zu baden, sondern ihre unkontrollierte Wut auf irgendwas mit Vandalismus befriedigten. Da wurden Bierflaschen einfach zerschlagen, egal, ob sich am nächsten Tag ein kleines Kind beim Spielen im Sand daran die Finger blutig schnitt.

Manuela wusste, dass diese unangenehmen Auswüchse oft aus reiner Wut und Enttäuschung über die Perspektivlosigkeit mancher Jugendlicher resultierten. In ihren Familien war ihnen meist nicht die Achtung vor anderen vorgelebt worden, aufgrund ihrer sozialen Herkunft hatten sie keine Aussicht auf einen Ausbildungsplatz und damit auf eine berufliche Zukunft. So entluden sie ihre aufgestauten Aggressionen, indem sie einen Teil der Gegenwart zerstörten.

Mit ihrer Arbeit als Jugendpflegerin wollte sie solchen Entwicklungen eigentlich entgegenwirken, empfand aber gerade jetzt eine ziemliche Wut auf diese Hau-drauf-Typen, während sie mit einem Sieb versuchte, den Sand von gefährlichen Bestandteilen zu befreien.

Zu den Jugendlichen, die ihr dabei halfen, gehörte auch Caro Schneider. Erstaunlicherweise war Caro ziemlich einsilbig ihr gegenüber. Auf Manuelas Fragen antworte sie nur kurz und knapp, während sie sonst kaum aufhören konnte zu plappern. Immer wieder bemerkte Manuela diesen merkwürdigen Seitenblick Caros. Wenn Manuela dann zu ihr rübersah, wandte Caro ihre Augen schnell ab.

Sie hat etwas bemerkt, sie ahnt, dass du ihrer Familie an den Karren fahren willst, dachte Manuela. Arme Caro. Sie war die Einzige aus dem Schneider-Clan, die Manuela mochte. Caro war nicht wie der ganze Rest – der skrupellose Heinrich, der schleimige Roland und die raffgierige Susanne. Für Caro empfand sie echte Sympathie. Soll ich ihr etwas sagen? fragte sich Manuela. Aber was? Ich weiß ja selbst noch nicht, was hinter dieser merkwürdigen Geschichte um Karl und Heinrich steckt. Nein, dachte sie, ich will mir erst Gewissheit verschaffen. Heute Abend.

Am frühen Abend verließ Manuela das Bad und fuhr mit ihrem Mountainbike nach Hause. Sie duschte, machte sich ein paar belegte Brötchen, schenkte sich ein Glas Dornfelder ein und setzte sich auf die Terrasse.

Als sie wieder wach wurde, war die Sonne schon hinter den westlichen Bergen untergegangen. Sie war beim Abendessen eingeschlafen und brauchte erst einmal ein paar Minuten, um wieder auf Touren zu kommen. Dann ging Manuela in die Küche, nachdem sie die Terrassentür verschlossen hatte und spülte den schalen Geschmack im Mund mit einem halben Liter Mineralwasser weg. Sie zog sich ihre Jeansjacke über und machte sich auf den Weg zu Karls Haus.

Sie schloss auf und ging leise nach oben, nachdem sie kurz in das dunkle Haus gehorcht hatte. Aber alles war still. Sie knipste eine kleine Taschenlampe an, die genügend Licht verbreitete, um die Stufen zu erkennen, jedoch keinen auffälligen, weithin sichtbaren Strahl verursachte.

Zwei Minuten, nachdem sie das Haus betreten hatte, stand sie unschlüssig vor dem Bücherregal im Dachbodenzimmer. Hatte Karl die Dokumente in einem der Bücher versteckt? Wenn ja, nach welchen Kriterien hatte er das Versteck ausgesucht? Natürlich sollte sie es möglichst schnell finden. Also in einem Buch, mit dem sie etwas verband. Sie hatte keinen dieser Schmöker gelesen, aber Karl hatte ihr als Kind von den bunten Abenteuern erzählt, manchmal auch vorgelesen. Aber nur, wenn sie lange genug darum gebettelt hatte. Und nie hier oben. Er holte dann das Buch vom Speicher.

Manuela erinnerte sich. Einmal hatte sie ihn gefragt: „Wie war das, Onkel Karl, als du nach der langen Schiffsreise in Kanada ankamst?“ Er erzählte ihr stattdessen, wie hundert Jahre vorher die Auswanderer und Goldsucher unter viel schlimmeren Bedingungen in Amerika angekommen waren. Goldsucher, dachte Manuela, Gold! Und sie griff in die Reihe der Bücher mit dem roten Einband, deren Titelbild sie schon als Kind fasziniert hatte: ein Ufergebüsch, ein Fluss, auf dem Raddampfer fuhren, Flamingos und indianische Waffen am Ufer ... Die Einbände glichen sich wie ein Ei dem anderen, und erst beim vierten hatte sie das richtige Buch in der Hand: „Gold! Ein kalifornisches Lebensbild von Friedrich Gerstäcker“. Sie blätterte durch die Seiten und musste nicht lange suchen. Ungefähr in der Mitte. Zwischen Seite 30 und 31 fingerte sie einen Umschlag hervor.

Ein kalter Schauer lief ihren Rücken hinunter. Das, was sie jetzt in der Hand hielt, war vielleicht wichtiger als Karls Testament, das ihr vor ein paar Tagen Rechtsanwalt Winkel eröffnet hatte. Sie legte das Buch weg und öffnete zitternd das Kuvert. Darin befanden sich ein zusammengefaltetes Schreiben und ein zweites, versiegeltes Kuvert, das sie zunächst beiseite legte. Sie faltete das andere Papier auseinander.

Sie las: „Liebe Manuela. Ich wusste, dass du auf die richtige Idee kommen und den Brief finden würdest. Wenn du diese Worte liest, lebe ich nicht mehr. Ich will versuchen, auf diesem Weg einen Teil der Schuld abzutragen, die ich auf mich geladen habe und dir damit gleichzeitig das erklären, was mir seit Jahrzehnten auf dem Gewissen lastet. Ich habe diese Schuld nie bekennen können, erst recht nicht vor dir und deiner Mutter, weil ich fürchtete, die einzigen Menschen zu verlieren, die mir etwas bedeuten ... und denen ich etwas bedeute.“

Ein Geräusch ließ sie herumfahren. Sie traute ihren Augen nicht und glaubte zunächst, das dämmrige Licht an der Zimmertür spiele ihr ein Trugbild vor. Doch je mehr ihre Augen sich an das Halbdunkel gewöhnten, umso deutlicher sah sie die Gestalt, die sich am Eingang abzeichnete und sich langsam näherte. Jetzt trat sie aus dem Schatten in den Schein der Lampe. Heinrich Schneider!

Manuela atmete unwillkürlich schneller. Nicht vor Heinrich Schneider hatte sie Angst, der sich jetzt langsam in den Sessel am Eingang setzte und sie dabei die ganze Zeit in den Augen behielt. Manuela fühlte zunehmende Angst vor dem, was Heinrich Schneider in seinen Händen hielt: das von Reiner vor einigen Tagen achtlos an der Tür abgestellte Repetiergewehr. Schneider hatte es durchgeladen. Das war das Geräusch, das sie aufgeschreckt hatte. Jetzt senkte er es langsam. Der Lauf richtete sich Stück für Stück auf sie. Sie sah in dieses kleine, schwarze Loch, das sich genau auf ihre Stirn zu richten schien.

Kalter Schweiß brach ihr aus. An ihrem Haaransatz hatten sich in Sekundenschnelle kleine Perlen gebildet, und sie hatte das Gefühl, als ziehe sich ihre Haut zusammen wie bei einer Grippe, während gleichzeitig ihr Herz bis zur Kinnlade klopfte. Bei allem Mut: Manuela fühlte jetzt echte Todesangst. Das schwarze Loch, in das ihre weit aufgerissenen Augen blickten, fixierte tatsächlich ihre Stirn. Knapp darüber konnte sie das Weiße in Heinrich Schneiders rechtem Auge erkennen, während das andere zugekniffen war. Schneider war Jäger, und er galt als guter Schütze. Aber auf diese Entfernung musste er das gar nicht sein. Nur knapp zwei Meter trennten Manuela von dem schwarzen Loch.

Heinrich Schneiders Blick war kalt, während sein Zeigefinger sich zu krümmen begann. Er erreichte den Abzug und verharrte kurz.

Manuela erwartete den Tod. Heinrich Schneider würde sie einfach erschießen. Wahrscheinlich kaschierte er es dann als Tat eines Einbrechers. Reiner. Wo war Reiner? Hätte sie doch auf ihn gewartet. Mit ihm zusammen wäre sie sicher nicht in diese Falle getappt. Jedenfalls wäre es für Heinrich Schneider gegen zwei nicht so einfach gewesen wie jetzt mit ihr allein. Mit Reiner wäre sie nicht in diese elende Falle geraten.

Reiner käme zu spät, dachte sie. Er würde sie hier oben im Dachbodenzimmer tot auffinden und der Polizei sagen müssen, dass es wahrscheinlich dieser Einbrecher war, der sie vor ein paar Tagen schon einmal niedergeschlagen hatte. Und Heinrich Schneider wäre fein raus. Manuela fühlte Wut in sich aufsteigen. Wut, die sie davon abhielt, die Augen zu schließen, sondern dem Tod im wahrsten Sinne des Wortes ins Auge zu blicken.

Der Zeigefinger bewegte sich weiter in Richtung Heinrich Schneiders Brust. Der Abzug auch. Manuela fühlte ein Würgen, das sie nur mühsam unterdrücken konnte. Sie hielt die Luft an und drängte die Angst förmlich nach innen. Der Zeigefinger von Heinrich Schneiders rechter Hand bewegte sich langsam aber unaufhaltsam weiter. Klack!

Der Hahn schlug auf den Bolzen, der Bolzen nach vorn – aber es erfolgte kein Schuss. Manuela schloss die Augen und atmete durch. Dann sah sie Heinrich Schneider wieder an, der mit seinem schiefen Lächeln wie ein Geier aussah und die Waffe langsam sinken ließ, die er nun geringschätzig betrachtete. „Ein Nachbau, Spielzeug! Funktions- aber nicht schussfähig. Ein Henrystutzen. Karl war immer ein Spinner“, sagte er, während er das Gewehr wieder an die Wand stellte.

Manuela hatte sich inzwischen von ihrem Schrecken erholt. Die Angst machte der Wut Platz. Wut darüber, dass er so mit ihr gespielt hatte. Aber auch Wut, dass er so abfällig über Karl sprach. „Immerhin war er Ihr Freund“, entgegnete sie gereizt.

Heinrich grunzte sarkastisch. „Davon war in den letzten zwanzig Jahren nichts zu merken.“

Manuela wurde für einen Moment unsicher. Dann fragte sie: „Warum hat er Sie gehasst? Warum haben Sie ihn gehasst? Sie waren doch einmal Freunde!“

„Lies weiter!“ forderte Heinrich sie auf.

Manuela folgte dieser Aufforderung etwas zögernd. Karl schrieb: „Ich bin froh, dass du diesen Brief gefunden hast, bevor ihn der alte Schneider in die Hände bekommen konnte. In dem versiegelten Umschlag findest du eine Urkunde, die dir die Vergangenheit erklären wird. Welche Schlüsse du auch immer daraus ziehen wirst: Ich bitte dich und deine Mutter, das, was ich euch hinterlassen habe, zu bewahren. Es ist euer rechtmäßiges Eigentum, für das ich lange Zeit gelitten habe, weil ich zu feige war, mich zur Wahrheit zu bekennen. Der finanzielle Schaden, der Schneider durch mich entstanden ist, ist geringfügig gegen das, was er verbrochen hat. Die Schuld, die ich dadurch auf mich geladen habe, trage ich gern, weil damit wenigstens einen Teil des Leides an euch wiedergutgemacht werden konnte. Ich hoffe, der Herrgott wird mir verzeihen, dass ich seiner Gerechtigkeit vorgegriffen habe. Und ich hoffe, dass auch du mir verzeihen kannst. Dein alter Karl.“

Für einen Moment füllten sich Manuelas Augen mit Tränen, und die Buchstaben verschwammen. Dann hatte sie sich wieder gefasst und griff nach dem versiegelten Umschlag. Wieder zitterten ihre Hände. Was kommt jetzt? fragte sie sich.

Heinrich wusste es. Sie bemerkte, wie er sie mit erwartungsvollem Blick ansah. Wieder spürte sie diese Wut, brach das Siegel und riss den Umschlag auf. Sie faltete den Papierbogen auseinander und begann zu lesen.

„Erklärung. Ich, Heinrich Schneider, geboren am 27. Januar 1929 in Biebersheim, erkläre, dass ich in der Nacht vom 25. auf den 26. Juni 1948 Hanna Konarek gegen ihren ausdrücklichen Willen zum Geschlechtsverkehr gezwungen habe. Mir ist bekannt, dass Hanna Konarek dadurch schwanger wurde und ein Kind zur Welt brachte, bei dessen Geburt sie verstarb. Das Kind ist die noch lebende Monika Dornberg geborene Konarek, für die ich bis zum heutigen Tag keinerlei Unterstützung oder Unterhalt geleistet habe. Ich erkläre dies im Vollbesitz meiner geistigen Kräfte und völlig freiwillig. Sinn, den 27. Mai 1974. Heinrich Schneider."

Ihr Atem stockte. Was sie gerade gelesen hatte, wollte sie nicht glauben. Noch einmal überflog sie die mit Füller geschriebenen Zeilen. Aber da stand es: Heinrich Schneider war der Vater ihrer Mutter. Er hatte ihre Großmutter vergewaltigt, und als sie dadurch schwanger wurde, einfach links liegengelassen. Er war schuld an Hannas Tod. Aber Heinrich Schneider war auch ...

„Ja, es stimmt, ich bin dein Großvater", unterbrach er ihre Gedankengänge. „Karl und ich waren einmal gute Freunde. Dann änderte sich alles. Ende der vierziger Jahre kamen viele Heimatvertriebene hierher. Eine Familie wurde im Turnhallenkeller untergebracht. Sie hatten eine Tochter, ein wunderschönes Mädchen, 18 Jahre alt. Karl hat sich sofort in sie verliebt. Ich auch ... ein bisschen zumindest." Heinrich Schneider machte eine Pause. Für einen Moment verfiel er in Nachdenken, und es hatte fast den Anschein, als plage ihn ein schlechtes Gewissen. Dann fuhr er fort. „Das war Hanna, deine Großmutter. Im Juni '48, ein paar Tage nach der Währungsreform, feierte der Turnverein sein 60-jähriges Bestehen. Wir drei waren auch da. Karl und ich. Und Hanna. Es wurde tüchtig gefeiert und getrunken. Also wir beide. Hanna war da zurückhaltender, sie nippte den ganzen Abend an zwei, drei Gläsern Weißwein. Natürlich haben wir beide es uns als Kavaliere nicht nehmen lassen, das arme Flüchtlingsmädchen einzuladen. Aber sie hielt sich zurück. Karl übrigens auch, jedenfalls was sein Bemühen um sie betraf. Ein paar verliebte Blicke, aber zum Tanzen musste ich sie meist auffordern. Karl war ein Tanzmuffel. Ich hab gedacht: So kriegt der die nie."

Manuela zischte: „Und dann haben Sie gedacht: Dem zeig ich mal, wie man so was macht."

Heinrich senkte den Kopf. Es war ihm anzumerken, dass ihn die Situation nicht kalt ließ. Die Erinnerung auch nicht. Er sah sie an, fast, als wollte er sie um Verzeihung bitten. Sie blickte demonstrativ zur Seite, um ihm nicht das zu Gefühl geben, dass sie Verständnis für ihn haben könnte. Er sah wieder zu Boden und setzte seine Beichte fort. „Ja, so ähnlich. Wahrscheinlich hab ich so was gedacht. Manuela, es war ein lustiger Abend. Wir waren alle fröhlich, haben getanzt, getrunken. Karl vielleicht etwas zu viel. Irgendwann ist er ein bisschen eingenickt. Da hab ich Hanna angeboten, sie nach Hause zu bringen. Sie hat dankend angenommen, und wir sind dann auch gleich los, nachdem sie einen vergeblichen Versuch unternommen hatte, Karl aufzuwecken. Ich hab ihr gesagt, ich würde mich um ihn kümmern, wenn ich sie sicher nach Hause gebracht hätte."

Heinrich Schneider machte eine Pause. Seine Brust bewegte sich heftig auf und ab, und sein Blick war starr auf den Boden gerichtet, als könne er von dort Hilfe erwarten. Dann sprach er weiter: „Es war Ende Juni, kurz nach der Sonnenwende. Eine kurze Nacht. Es muss so gegen halb vier gewesen sein. Im Osten sah man schon einen hellen Streifen am Himmel. Eine wunderschöne, laue Sommernacht. Sie hatte sich bei mir eingehakt. Am alten Holzschuppen blieb sie dann kurz stehen, weil ihr wohl ein Steinchen in den Schuh geraten war. Als sie versuchte, auf einem Bein stehend das Steinchen herauszuschütteln, verlor sie das Gleichgewicht und fiel mir in die Arme. Da haben wir uns geküsst. Und dann ist's mit mir durchgegangen. Ich wollte mehr ..."

„Und Hanna nicht. Da haben Sie sich eben mit Gewalt genommen, was sie freiwillig nicht geben wollte. So einfach ist das also."

Heinrich Schneider schüttelte hilflos mit dem Kopf. „Ich hatte getrunken. Wir alle hatten getrunken. Hinterher hat's mir leid getan."

Manuela fauchte: „Leid getan! Sie haben ihr ein Kind gemacht, bei dessen Geburt sie gestorben ist."

Heinrich sah ihr in die Augen und gab seinen nächsten Worten Nachdruck: „Und dem du deine Existenz verdankst."

Manuela musste wieder wegsehen, um ihre Tränen zu unterdrücken und ihm gegenüber keine Schwäche zu zeigen. Dann sah sie ihn wieder an und fragte: „Und Karl?"

„Der hatte den Braten wohl gerochen. Ich ... ich wollte Hanna nach Hause bringen. Aber sie war wie versteinert. Sie saß da und sagte kein Wort."

„Wundert Sie das?"

In diesem Moment wurde ihr das Absurde der Situation bewusst. Ihr gegenüber saß ihr Großvater. Sie siezte den Mann, der ihr nach ihren Eltern eigentlich am nächsten stehen müsste. Die kleinen Hänseleien ihrer Kinder- und Jugendzeit fielen ihr ein. „Wieso hast du denn keinen zweiten Opa?“ war noch das Harmloseste. Jetzt hätte sie diese Frage beantworten können. Nun saß der ihr gegenüber, der jahrelang seine Verantwortung geleugnet und verheimlicht hatte.

„Du verfluchter Mörder!“ schrie sie ihn an. „Du bist für ihren Tod verantwortlich. Du hast sie auf dem Gewissen. Und Karl auch. Hast du ihn umgebracht? Oder hast du ihn in den Tod getrieben?“ Dann schlug ihre Wut in Verzweiflung um. Tränen schossen ihr in die Augen. Hilflos schluchzte sie: „Was ist nur passiert?“

Heinrich fuhr, beinahe ungerührt, mit seiner Erzählung fort: „Karl hat sie dann gefunden und nach Hause gebracht. Am nächsten Tag hat er mich zur Rede gestellt.“ Mit einem Blick auf die Papiere meinte er: „Den Rest kennst du ja.“

Manuela, die für einen Moment ihr Gesicht mit den Händen bedeckt hatte, sah ihn wieder an und fragte: „Warum hat er Sie nicht angezeigt? Sie haben doch ... sein ... Mädchen ...“

Ihre Stimme brach, und Heinrich sah sie an.

„Weil er mir sein Leben verdankte.“

Er machte eine kurze Pause, dann schüttelte er den Kopf und fuhr fort.

„Ha, weißt du, was Anfang ’45 los war? Wir waren noch keine 17. Aber danach hat niemand gefragt. Gefragt wurde nur, ob du ein Gewehr halten kannst. Wir waren von Kindheit an zum Soldatentum erzogen worden, Jungvolk, HJ, Geländespiele. Was glaubst du, wie man dann eine solche Frage beantwortet? Damals haben sie alles geholt, was sich auf den Beinen halten konnte. Wer sich weigerte, den haben die Feldjäger, die Kettenhunde, einfach erschossen. Der Krieg war längst verloren, aber das Sterben sollte weitergehen. Am Ende verreckten noch tausende 13- und 14-Jährige in Schützengräben.“

Heinrich Schneider hielt einen Moment inne. Er atmete schwer. Fast hatte Manuela das Gefühl, die Erinnerung setze ihm zu. Diese Sensibilität ließ doch so etwas wie Mitleid mit dem alten Mann bei ihr aufkommen, der am Ende seines Lebens sein Werk in Trümmern sah. Aber vielleicht war ja alles auch nur gespielt, um bei ihr Mitleid für ihn zu erwecken. Manuelas Wut auf den Alten meldete sich erneut, aber sie paarte sich jetzt mit Angst. Was hatte er vor? Was hatte er mit ihr vor? Ihr Nerven waren zum Zerreißen gespannt. Sie hatte das Gefühl, dass sich in instinktiver Abwehrhaltung jeder ihrer Muskeln anspannte. Wollte er sie umbringen, um eine lästige Mitwisserin loszuwerden? Sie war entschlossen, ihr Leben so teuer wie möglich zu erkaufen. Wenn er handgreiflich werden würde, konnte sie ihm Paroli bieten, da war sie überzeugt. Er war nicht mehr der Jüngste, und sie war schnell und wendig. Aber wenn er eine Waffe hatte?

Dann fuhr Heinrich Schneider in seiner Erzählung fort: „Ende März waren die deutschen Truppen überall auf dem Rückzug. Die Amerikaner hatten den Rhein schon längst bei Remagen überschritten und rückten unaufhaltsam vor. Eine unendliche Schlange von Fahrzeugen. Jeeps, Panzer, Transporter. Und bei uns? Rückzug! Die Frontsoldaten sahen uns an, als ob wir nicht mehr alle am Christbaum hätten. Kämpfen wollt ihr? Ihr seid verrückt, lachten sie. Kämpfen? Gegen wen? Gegen die Amis? Vor allem: Wofür? Sie zogen weiter Richtung Osten. Karl und ich, wir waren bei den Letzten, die sich über den Westerwald zurückzogen. Es war der 26. März 1945, ein klarer, sonniger Tag, ein Hauch von Frühling war zu spüren. Plötzlich ein amerikanischer Tiefflieger. Weißt du, wie das klingt, wenn ein Tiefflieger angreift?"

Sie schüttelte den Kopf, und er ahmte das Grummeln eines Flugzeugmotors nach. Seine Stimme schwoll immer mehr an, bis sich schließlich das Grummeln im Stakkato der Einschüsse einer Maschinengewehrgarbe auflöste.

Manuela hielt sich die Ohren zu und schrie hysterisch auf: „Hören Sie auf! Hören Sie auf!"

Heinrich atmete tief durch. „Wir waren die ganze Nacht hindurch gelaufen. Kurz nach Sonnenaufgang erreichten wir die alte Eisenträgerbrücke über die Dill, oben bei der Ruppertsmühle. Wir waren furchtbar erschöpft und hockten uns auf das Geländer. Ich hatte noch ein paar Zigaretten in der Brusttasche. Wir zündeten uns jeder eine an und bliesen den Rauch mit Behagen aus. Die Frühlingssonne schien uns warm auf den Bauch, und ich dachte: Warum kann der ganze Mist nicht einfach vorbei sein? Dann hörte ich plötzlich das Brummen des Tieffliegers, das immer stärker wurde. Karl war ein bisschen eingenickt und hatte es gar nicht mitbekommen. Ich riss ihn hoch, und wir rannten über die Brücke. Auf der Seite, wo wir gesessen hatten, waren wir völlig ohne

Deckung. Auf der anderen Seite gab es einen Graben, den wir zu erreichen versuchten. Aber der Tiefflieger war schneller. Als wir die halbe Brücke geschafft hatten, knallten neben uns die Schüsse aus den Bordkanonen in die Brücke. Wir ließen uns fallen. Karl wurde getroffen. Im Oberschenkel. Die Schlagader wurde verletzt. Hast du ne Ahnung, wie schnell ein Mensch mit zerfetzter Oberschenkelarterie verblutet? Nein? Ich hab das Bein abgebunden. Er hatte Glück, auf einem der letzten Lastwagen, die über die Brücke rollten, wurde er ins Lazarett nach Herborn gebracht. Aber ich hab ihm das Leben gerettet. Deswegen hat er mich nicht verraten."

„Aber er wollte Ihr Geständnis", hakte Manuela nach.

Heinrich nickte. „Ja. Ich glaube, anfangs ging es ihm nur darum, etwas in der Hand zu haben. Er hat sich weiter um Hanna bemüht. Selbst als klar war, dass der ... Zwischenfall ... nicht ohne Folgen geblieben war. Aber sie hat wohl bis zum Schluss geglaubt, dass ich sie heirate. Als Karl das kapiert hatte, ist er nach Kanada ausgewandert. Als er ging, sagte er zu mir: Wir sind quitt!"

Manuela schüttelte den Kopf. „Was sind Sie nur für ein Mensch?"

Heinrich zuckte kurz mit den Schultern. „Das Wirtschaftswunder stand vor der Tür. Durch die Währungsreform hatte das Geld endlich wieder einen Wert. Statt wertloser Reichsmark harte D-Mark. Wer etwas werden wollte, hatte jetzt die Möglichkeit. Ich hatte Pläne. Eine Frau, die nichts als ein Kind hatte, gehörte nicht dazu."

Manuela schob wütend das Kinn vor. „Sie haben ihn gebrochen. Armer Karl!"

Heinrich ließ ein sarkastisches Lachen hören. „Ha, armer Karl. Als er nach über zwanzig Jahren wiederkam und das mit Hannas Tod erfuhr, kam er zu mir. Was glaubst du, wovon er die ganzen Jahre gelebt hat, er, der nur Gelegenheitsarbeiten gemacht hat? Von dem Gold, das er in Kanada angeblich gefunden hat? Quatsch! Karl hat nie Gold in Kanada gefunden. Er hat in den Erdölgebieten im Westen gearbeitet, im Athabasca-Gebiet und anderswo, hat er mir erzählt. Harte Arbeit. Aber gut bezahlt." Sein Blick streifte über die Wände. „Schau dich hier um, den ganzen Wildwestplunder hat er aus Kanada mitgebracht. Karl war immer ein Träumer. Als wir noch gut befreundet waren, hat er mir oft von diesem Abenteuer-Schriftsteller, diesem Gerstäcker, erzählt. Der war vor über 150 Jahren drüben in Amerika. Wie der mit dem Segelschiff über den Ozean gefahren und nur mit dem Gewehr bewaffnet allein durch die Wildnis gestreift ist, davon hat Karl geschwärmt. Das wollte er auch einmal. Karl hat sich von den dämlichen Büchern beeinflussen lassen. Lesen kann auch blind für die Wirklichkeit machen. Schau dir die Regale an! Die Schmöker hat er von seinem Großvater geerbt. Abenteuer. So wollte Karl sein. Ein Abenteurer. Dann hat er Hanna kennengelernt und sich über beide Ohren in sie verliebt. Da wollte er nur noch ein braver Ehemann sein." Heinrich Schneider lachte, fast ein bisschen hysterisch. „Und dann ist er ja doch als Abenteurer nach Kanada gegangen." Er schnaufte boshaft. „Arm? Ich hab dir ja gesagt, dass er in Kanada in den Erdölgebieten gutes Geld verdient hat. Karl hat nie viel für sich gebraucht. Er gehört, wie ich, zur der Generation, die das Licht ausmacht, wenn sie in die Küche geht, um sich eine Flasche Bier zu holen, im Glauben, dabei Strom zu sparen. Er hatte sich einiges zurückgelegt. Davon und von dem, was er bei Gelegenheitsarbeiten verdiente, konnte er ganz gut leben. Armer Karl? Pah! Außerdem hat er mir über zwanzig Jahre auf der Tasche gelegen. 1.000 Mark monatlich gegen sein Schweigen."

Jetzt ging Manuela ein Licht auf. Das war also Heinrich Schneiders Geld, das Karl für sie und ihre Mutter angelegt hatte. Karl hatte tatsächlich nur von dem gelebt, was er sich erspart und durch Aushilfen und Gelegenheitsjobs verdient hatte.

Manuela klärte Heinrich auf. „1.000 Mark monatlich? Dann hat er ihnen nicht auf der Tasche gelegen. Er hat es für mich und meine Mutter angelegt, 25 Jahre lang. Er selbst hatte davon überhaupt nichts."

„Oh, wie edel. Dann ist ja wenigstens ein kleiner Teil meiner Schuld getilgt", kam es ironisch zurück.

„Der Rest reicht immer noch für einen handfesten Skandal."

Heinrich wurde mit einem Mal wieder ernst. Er sah sie an. „Manuela! Wer hätte etwas davon? Du würdest mich treffen wollen und damit das Leben von Gerhard und Roland zerstören, die nichts für die Schuld ihres Vaters können. Ist es das wert? Ich bin dein Großvater, es ist deine Familie."

Jetzt war die Reihe an Manuela, ein sarkastisches Lachen hören zu lassen. „Meine Familie? Meine Mutter hat jahrelang unter der Schmach leben müssen, ein uneheliches Kind zu sein. Du hast dir ein Imperium aufgebaut und keinen Finger krumm gemacht, ihr unter die Arme zu greifen. Meine Familie! Wo wart ihr denn all die Jahre?"

Heinrich presste die Lippen aufeinander und sah zu Boden. Sein Kinn bewegte sich nervös. Dann nickte er und sah sie wieder an. „Du hast recht. Ich habe euch hängengelassen. Das ist unverzeihlich. Aber ich habe auch keine Möglichkeit gesehen, die Sache plausibel zu erklären, ohne Schaden zu erleiden. Ja, ich war egoistisch. Aber vielleicht kann ich jetzt noch etwas gut machen. Die Chance möchte ich haben."

Manuela schnaufte. „Gut machen? Dir geht es doch nur um deine reine Weste und dass deine Familie keinen Imageschaden erleidet."

„Ist das so verwerflich? Manuela! Lass die Vergangenheit ruhen, und es soll auch dein Schaden nicht sein."

Manuela fühlte wieder diese Wut in sich aufsteigen, aber bevor sie Heinrich Schneider anschnauben konnte ...

Ein Klirren. Ein-, zweimal, jetzt ein drittes Mal. So hörte sich zerberstendes Fensterglas an. Das Geräusch kam von unten. Auch der Alte hatte es gehört. Sie sahen sich für einen Moment fragend an. Dann hob Schneider plötzlich den Kopf und blickte sich erschrocken um. Bevor sich Manuela über sein Verhalten wundern konnte, sprang er auf und rannte durch die offene Tür des Dachbodenzimmers zur Stiege.

Mit einem Mal wurde es Manuela mulmig. Wieder der Einbrecher? Sie stand auf, warf die Papiere auf den Tisch und folgte Heinrich Schneider. Zuerst war es nur ein kaum wahrnehmbarer Geruch, aber je näher sie der Stiege kam, desto stärker wurde er. Rauch! Und dann hörte sie auch das mit Knacken und Knistern durchsetzte Lodern von Flammen. Eine kaum zu beschreibende Angst ergriff sie. Nur das nicht, dachte sie.

Manuela hetzte die schmale Siege hinunter und wäre beinahe mit Heinrich Schneider zusammengestoßen, der im Flur des Obergeschosses vor dem Treppenabsatz stand und keuchte. Der Flur war mit Rauch gefüllt. Das untere Treppenhaus stand in hellen Flammen, die schon an den Holzstufen knapp unter ihnen leckten. Sie saßen in der Falle.

„Wir kommen nicht mehr nach unten. Los, rüber zum Fenster", schrie er, packte sie und schleuderte sie zu dem Fenster an der Giebelseite. Er öffnete den Riegel und versuchte, es aufzureißen. Aber es waren alte Holzfenster, deren Rahmen verquollen waren. Sie klemmten. Er riss und schüttelte. Die Fensterflügel schienen sich nur millimeterweise aufzubewegen, auch als Manuela mithalf. Das Feuer hatte mittlerweile den oberen Treppenabsatz erreicht.

Plötzlich sprang das Fenster mit einem solchen Ruck auf, dass sie nach hinten stürzten und beinahe gefallen wären. Während Heinrich sich an der Wand abfangen konnte, bremste Manuelas Straucheln erst das Treppengeländer, von dem aus sie für einen Moment in ein flammenbrodelndes Inferno blickte. Wäre das Geländer bei ihrem Aufprall gebrochen, sie wäre rettungslos in diesem Höllenschlund versunken.

Dann wurde sie von dem Alten gepackt und wieder zum Fenster geschleudert. Sie sah hinunter. Bis zum Boden waren es gut fünf Meter. Im freien Fall. Manuela drehte sich schreckensbleich um und sah Heinrich Schneider an, der wieder hinter ihr stand. „Aber ...“, setzte sie an.

Heinrich fixierte sie mit strengem Blick. „Kein Aber. Los!“

„Wie sollen wir denn hier rauskommen?“

„Notfalls springen. Bevor ich Hilfe herbeirufe, riskiere ich lieber gebrochene Knochen.“

Manuela schüttelte energisch den Kopf. „Ich spring nicht!“

Heinrich, den sie nur noch schemenhaft erkennen konnte, weil der Flur von Rauch erfüllt war und hinter ihm mittlerweile auch der obere Treppenabsatz in Flammen stand, schrie sie an: „Willst du lieber ersticken oder verbrennen? Wenn du nicht springst, schmeiß ich dich eigenhändig runter.“

Manuela bekam kaum noch Luft, sah erneut durch das Fenster nach unten. Fünf Meter. Gebrochene Knochen, ersticken oder verbrennen? Die Wahl zwischen Pest, Cholera oder Typhus. Ihr Hirn suchte fieberhaft nach einer vierten Möglichkeit. Aber ihr fiel keine ein, und hinter ihr keuchte Heinrich Schneider und krächzte, nach Atem ringend: „Spring, oder ...“

Gerade als sie den rechten Fuß auf den Fenstersims setze, knallte vor ihrem Gesicht etwas gegen die Wand. Sie sah überrascht nach unten und hätte beinahe vor Freude geschrien: „Reiner!“

Hansi Brinkmann hatte das Gefühl, einmal im Leben wirklich Glück zu haben. Er hatte einen anscheinend todsicheren Plan ausgeheckt, und bis jetzt war alles gutgegangen. Er war unbeobachtet zu Karls Grundstück zurückgekehrt, hatte die beiden Benzinkanister aus dem Versteck hervorgeholt und sich zum Haus geschlichen. Das ohnehin schon deformierte Schloss der Kellertür leistete nicht einmal passiven Widerstand. Hansi stand in der dunklen Waschküche, schaltete eine kleine Taschenlampe an, die er zwischen die Zähne klemmte, und nahm die beiden Kanister wieder auf. Dabei fiel der Lichtstrahl zufällig auf eine Ecke. Ich hab heute einen echten Glückstag erwischt, dachte er. Da drüben stand ein Blechkanister. „Nitro-Verdünner, zehn Liter", zeigte die Aufschrift. Mit seinem rechten Fuß tippte er leicht dagegen. Das dumpfe Echo setzte weitere Glückshormone bei ihm frei. Der Behälter war so gut wie voll.

Er brummte vergnügt, klemmte sich den einen Benzinkanister unter die linke Achsel und nahm den Verdünner in die rechte Hand. Mit zwanzig Litern Brandbeschleuniger machte er sich auf nach oben. Im Hausflur musste er erst einmal verschnaufen. Dann überlegte er, wie er die brennbare Flüssigkeit am strategisch günstigsten verteilen konnte. Er befand, dass es gut wäre, Benzin und Verdünner überwiegend im unteren Stockwerk zu verteilen. Feuer brannte am besten von unten nach oben. Den Weg nach oben wollte er durch eine Benzinspur im Treppenhaus bis zum ersten Absatz erleichtern.

Nachdem er diesen Plan noch einmal auf seine möglichen Fußfallen abklopfte hatte und zu dem Ergebnis kam, dass alles wohldurchdacht war, begann er sein zerstörerisches Werk. Er schlich bis zum ersten Treppenabsatz, von dem aus die Stufen weiter zum Obergeschoss führten, öffnete den einen Benzinkanister und ließ die Flüssigkeit im Abwärtssteigen auf die Treppe laufen. Den Rest des Kanisters verteilte er im unteren Flur. Mit dem zweiten Benzinkanister und dem Nitroverdünner tränkte er das Wohnzimmer und die Küche. Den Verdünnerkanister schraubte er wieder zu und stellte ihn auf die Treppe zum Keller. Er kehrte ins Erdgeschoss zurück und zückte ein Streichholz. Hansi hatte eine kleine Flüssigkeitsspur bis zur Eingangstür gelegt. Beim Anzünden von Benzin musste man vorsichtig sein. Er öffnete die Haustür, rieb das Überallzünder-Streichholz an seinem Stiefelabsatz an und senkte es langsam zu der kleinen Benzinspur. Mit einem Fauchen entflammte die Flüssigkeit. Die Brandspur setzte sich in Sekundenschnelle fort und entzündete dann das großflächig verteilte Benzin. Da aber war Hansi schon vor der Tür. Brandwunden konnten ebenso verräterisch sein wie Fingerabdrücke, dachte er.

Aber die Faszination der Zerstörung hielt ihn noch eine Weile am Ort zurück. Er hatte so viel Geisteskraft auf dieses todsichere Unternehmen verwendet. Nun wollte er auch dessen Gelingen so lange wie möglich genießen. Es war ungefähr elf Uhr abends, und um diese Zeit war hier mit wenig Publikumsverkehr zu rechnen. Unter diesen Umständen würde sogar die Feuerwehr zu spät kommen (was ein Irrtum war, denn der hohe Ausbildungsstand und die Schnelligkeit der Freiwilligen Feuerwehr Sinn waren weithin bekannt). So stand Hansi Brinkmann vor dem Haus und wartete darauf, dass die ersten Flammen durch die Haustür oder die geschlossenen Fensterläden schlagen würden. Das verführerische Gefühl scheinbarer Sicherheit wurde jäh unterbrochen. Hansi spürte eine Hand auf seiner Schulter und hörte gleichzeitig den Ausruf „Du Scheißkerl!"

Hansi war für einen Moment irritiert. Aber nur für einen Moment. Er hatte früher einmal Judo betrieben und war keineswegs gewillt, sich seinen Erfolg durch einen lästigen Zeugen zunichte machen zu lassen. Hansi packte zu – und Reiner flog auf den Rücken.

Bevor sich dieser von der Überraschung des Angriffs erholt hatte, knallte ihm einer der beiden leeren Benzinkanister an den Kopf. Auch wenn der nur aus Kunststoff war, für eine Sekunde war Reiner wie benommen. Als er sich wieder aufgerafft hatte, war der Hof leer. Hansi Brinkmann war zwar nicht mehr ganz so fit wie in seinen besten Jahren, aber jetzt galoppierte der Hengst wie ein Jüngling durch den Garten zum Feldweg, wo er von der Finsternis verschluckt wurde.

Reiner raffte sich auf, sah dem in der Dunkelheit verschwundenen Missetäter kurz nach und sprintete dann zur Haustür, die nur angelehnt war. Er stieß sie auf und schreckte sofort wieder zurück. Er blickte auf eine Feuerwand. Sein erster Gedanke: Manuela!

„Los, vorwärts! Runter!" schrie Reiner von unten und wedelte dabei heftig mit seinem rechten Arm, während er mit links die Leiter sicherte. Eine lange Leiter, die jahrelang an Karls Schuppen gehangen hatte und unter normalen Umständen keinen verkehrssicheren Eindruck gemacht hätte. Aber jetzt waren keine normalen Umstände

Manuela hangelte sich vom Fenstersims auf die oberen Sprossen und dann zügig nach unten. Mit jedem Zentimeter, den sie dem Boden näher kam, hatte sie das Gefühl, der Hölle entronnen zu sein.

Und Heinrich Schneider? Die Leiter reichte nicht bis zum Fenster. So sehr sie ihm die Hölle gewünscht hatte: Nach der Todesangst, die sie soeben ausgestanden hatte, hoffte sie nichts anderes, als dass er es noch schaffen würde. Aber erst einmal nahm sie Reiner unten in die Arme.

„Was ist passiert?“ fragte er, selbst sichtlich geschockt.

Manuela hustete und stammelte: „Weiß ich nicht ... plötzlich Feuer und Rauch ...“

Dann sah sie nach oben zur Leiter und atmete auf. Schwerfällig, selbst beinahe am Ende seiner Kräfte, stotterte sich Heinrich Schneider auf der Leiter nach unten. Als er wieder festen Boden unter den Füßen hatte, atmete er tief durch. Das genügte, um wieder ein Stück weit die alte Form zurückzugewinnen. „Los, weg hier!“ befahl er.

„Aber wir müssen die Feuerwehr alarmieren!“ schrie Manuela. Sie konnten jetzt doch nicht einfach abhauen. Das Haus brannte. Ihr Haus brannte.

Noch bevor Reiner sagen konnte, dass er das bereits über sein Handy besorgt hatte, blaffte Heinrich zurück: „Das können andere machen. Weg hier jetzt!“

Kaum hatte er ausgesprochen, hörten sie das Geräusch von Martinshörnern, die sich rasch näherten.

Jetzt fiel Manuela der Brief ein. „Der Brief, die Papiere!“ schrie sie.

Die Dokumente! Sie suchte in ihren Taschen danach. Vergeblich. Dann fiel ihr ein: Sie hatte die Papiere auf den Tisch im Dachbodenzimmer gelegt. Sie sah nach oben. Da fraßen sich die Flammen gerade durch das Dachgebälk. Die Papiere waren verloren. Der einzige Beweis gegen Heinrich Schneider war vernichtet. Manuela war kurz vor dem Zusammenbruch. Die Anspannung der vergangenen Tage, die Erkenntnis, wer Heinrich Schneider war, die Tatsache, dass sie beweisen konnte, für welche Schweinerei er verantwortlich war ... und jetzt wurde alles ein Raub der Flammen. Ihre Augen füllten sich mit Tränen vor Wut, Enttäuschung und Trauer.

„Da ist wohl nichts mehr zu machen“, stellte Heinrich Schneider nüchtern fest. Er sah Manuela an, die nach einem Moment resigniert den Kopf abwendete. „Los jetzt, weg!“ kommandierte Heinrich, und sie folgten ihm. Sie verließen fluchtartig den Hof über denselben Feldweg, den kurz zuvor der Hengst unter seine cowboybestiefelten Hufe genommen hatte. Im Wegrennen hörten sie, wie die Feuerwehr ihre ehrenamtliche Arbeit zum Schutz der Bevölkerung aufnahm, Schläuche entrollte und an Hydranten anschloss, das Umfeld sicherte und unter Atemschutz das Haus betrat, um eventuelle Opfer zu bergen.

35. Schluss

Auf dem Grabstein standen oben zwei Namen mit den Geburts- und Sterbedaten: Hermann Kroner und Wilhelmine Kroner geborene Settler. Darunter ein weiterer Name: Karl Kroner, 5. März 1929 – 29. Mai 1998.

Karl hatte mit einem Bestattungsunternehmer alles geregelt. Nachdem die Leiche freigegeben worden war, wurde sie verbrannt. Die Beisetzung war im kleinen Kreis erfolgt. Heinrich Schneider war nicht gekommen, obwohl er gewusst haben musste, wann die Beerdigung stattfand.

Aber jetzt stand Heinrich Schneider neben Manuela an Karls Grab und hielt den Blick gesenkt. Nachdem sie unbemerkt von den Rettungskräften und den Schaulustigen, die sich trotz der späten Stunde vor dem brennenden Haus eingefunden hatten, über den Garten und den Wirtschaftsweg entkommen konnten, waren sie auf einem kleinen Umweg zum Schneiderschen Anwesen auf dem „Känguruh-Hügel" gelaufen. Vor dem Haus hatten Manuela und Reiner erst einmal gewartet, weil Heinrich „ihre Familie" auf das ungewollte Kind vorbereiten musste.

Als Manuela dann das Wohnzimmer betrat, kamen sie ihr nacheinander entgegen und schlossen sie in die Arme: Gerhard mit einem freundlichen Nicken, Roland mit einem jovialen Lächeln, das ein besonderes „Herzlich willkommen!" ausdrückte – und Susanne, die eine fast überbordende Freundlichkeit ausstrahlte und Manuela fest an ihre Brust drückte, die noch am Nachmittag in unverhülltem Zustand in Hansi Brinkmanns Augen emotionale Freudenfeuer entfacht hatte. Kaum zu glauben, dass diese Frau ihr noch vor kurzem unverhohlen gedroht hatte, dachte Manuela. Als sie sich aus der innigen Umarmung Susannes befreit hatte, überkam sie das Gefühl, überall zu kleben. Die Einzige, der Manuela echte Freude abnahm, war Caro, die das ehrliche Gefühl vermittelte, ein liebenswertes, neues Familienmitglied gewonnen zu haben.

Nach dieser herzlichen Begrüßung lag allerdings schnell eine erwartungsvolle Stille über der nachmitternächtlichen Versammlung. Heinrich hatte den anderen in kurzen Worten erklärt, dass die kompromittierenden Dokumente in Karls Haus verbrannt waren. Manuela hatte also nichts mehr in der Hand gegen sie. Dennoch: Auch wenn ihr die Beweise nun fehlten, Gerede und Gerüchte konnten immer schädlich sein, weil sie nur allzu gerne von Neidern, Nörglern, Klatsch- und Tratschtanten beiderlei Geschlechts aufgenommen und weiterverbreitet wurden. Man erwartete nun, dass Manuela endlich klarstellte, dass sie in dieser Sache nicht mehr weiterrühren wolle. Dafür sollte sie ja nicht unbelohnt bleiben.

Aber Manuela sah nur Heinrich Schneider an und sagte: „Ich möchte, dass du mit mir zu Karls Grab gehst."

Der Alte biss sich auf die Unterlippe, aber die anderen redeten ihm gleich gut zu. Wenn das ihre Bedingung ist ..., dachten sie wohl.

„Ja, das ist eine ausgezeichnete Idee, Heinrich. Das bist du deinem alten Freund doch sicherlich auch schuldig", züngelte Susanne in falscher Freundlichkeit.

Heinrich packte wieder die Wut, aber er wollte weder den Disput vom Abend fortsetzen noch einen neuen Streit entfachen und nickte deshalb nur.

Kurz nach Sonnenaufgang trafen sie auf dem Friedhof zusammen. Manuela und Reiner waren noch einmal nach Hause gegangen und hatten im Garten einen kleinen Blumenstrauß zusammengestellt, den Manuela jetzt auf das Grab legte. Sie faltete die Hände und betete. Auch der Alte neben ihr hatte seine knorrigen Hände ineinander gelegt. Ob er ebenfalls betete? Oder war es nur eine Geste der Notwendigkeit, sie freundlich zu stimmen? Was immer es auch war, es war ihr mittlerweile egal. Sie wollte nur noch den kleinen Triumph genießen, dass Heinrich Schneider gezwungen war, gegen seinen Willen das Grab seines früheren Freundes und späteren Feindes aufzusuchen.

Jetzt hob er den Kopf und schaute sie an. „Manuela?" kam es bittend.

Sie sah ihn nicht an, richtete ihren Blick nur auf den Grabstein. Nach ein paar Augenblicken der Stille, die nur das Zwitschern der erwachenden Vogelwelt und das leichte Rauschen von der Autobahn durchbrachen, sagte sie tonlos: „Keine Angst, ich werde den ersten Stein nicht werfen!"

Heinrich Schneider blickte wieder zu Boden, beschämt, verlegen. Er verschränkte die Arme hinter dem Rücken und sah Manuela wieder an, die aber weiterhin keinen Blick für ihn hatte. Dann drehte er sich um und ging den gepflasterten Weg zurück zum Eingang des Friedhofs, an

Reiner vorbei, der sich etwas abseits gehalten hatte und nun zu Manuela an das Grab trat. „War es richtig?“ fragte er sie nach einer Weile.

„Weiß ich’s?“ lautete ihre Gegenfrage.

Reiner schüttelte den Kopf. „Im Endeffekt hast du dich kaufen lassen.“

Manuela wollte ärgerlich antworten, besann sich aber. Schließlich hatte Reiner ja nicht ganz unrecht. „Was hätte ich denn tun sollen? Ohne die Papiere?“ fragte sie und fügte ironisch hinzu: „Es ist doch ... meine Familie! Außerdem hast du doch immer gesagt: ‚Leg dich nicht mit denen an!‘“

„Tja“, meinte Reiner hilflos.

„Karl ist tot. Er hat sich nie gegen Heinrich Schneider gewehrt. Soll ich nun das tun, was er selbst nicht wollte oder konnte? Würde er das überhaupt wollen? Karl ist tot. Ich kann nicht das Leben eines Toten fortsetzen.“ Manuela zuckte verlegen die Schultern und atmete tief durch. Dann sah sie Reiner an. „Komm, lass uns von hier fortgehen! Wir fangen woanders neu an. Sinn ist zu klein für uns und die Schneiders!“

Reiner nickte nur, und sie gingen.